Джон Колман

МАСОНСТВО ОТ А ДО Я

OMNIA VERITAS.

Джон Колман

Джон Коулман - британский писатель и бывший сотрудник Секретной разведывательной службы. Коулман подготовил различные аналитические материалы о Римском клубе, Фонде Джорджио Чини, Forbes Global 2000, Межрелигиозном коллоквиуме мира, Тавистокском институте, Черном дворянстве и других организациях, близких к теме Нового мирового порядка.

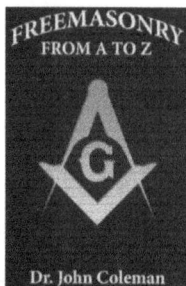

FREEMASONRY FROM A TO Z

Dr. John Coleman

Масонство от А до Я

Freemasonry from A to Z

Переведено с английского и опубликовано компанией
Omnia Veritas Limited

© Omnia Veritas Ltd - 2022

ⓈMNIA VERITAS®

www.omnia-veritas.com

Mасонство часто описывают как "тайное общество", но сами масоны считают, что правильнее говорить, что это эзотерическое общество, поскольку некоторые аспекты являются закрытыми. Наиболее распространенная формулировка заключается в том, что масонство в 21 веке стало меньше тайным обществом и больше "тайным обществом". Частные аспекты современного масонства - это способы признания между членами и определенные элементы ритуала. Например, масоны могут спросить новичков: "Вы в квадрате? ".

В таком открытом обществе, как Соединенные Штаты, можно спросить, зачем нужна секретность. Описать масонство - трудная задача. Сказать, что это самая большая братская организация в мире, насчитывающая более трех миллионов членов в США, семьсот тысяч в Великобритании и еще миллион по всему миру, и что о ней написано пятьдесят тысяч книг и брошюр, - это только начало.

С момента своего официального основания в 1717 году масонство породило больше ненависти и вражды, чем любая другая светская организация в мире. Она стала объектом неустанных нападок со стороны католической церкви, членство в ней было запрещено для мужчин в мормонской церкви, Армии спасения и методистской церкви. Он запрещен в ряде стран.

Антимасонские обвинения всегда встречаются с трудом, потому что масонство отказывается отвечать на нападки. Удивительно то, что огромное количество мировых лидеров, прошлых и настоящих, были и являются членами масонства: король Англии Георг VI, Фридрих Великий из Пруссии и король Норвегии Хокон VII. История Соединенных Штатов изобилует лидерами, которые были масонами, такими как Джордж Вашингтон, Эндрю Джексон, Джеймс Полк, Теодор Рузвельт, Франклин Д. Рузвельт, Гарри Трумэн, Джеральд Форд и Рональд Рейган.

Второй мировой войной руководили британские масонские лидеры, такие как Уинстон Черчилль и президент США Франклин Д. Рузвельт, а также военные лидеры США, такие как генералы

Омар Брэдли, Марк Кларк и Джордж Маршалл. Почти невозможно понять, с чего начать или чем закончить рассказ о масонском влиянии на все аспекты жизни за последние 290 лет. Эта книга - попытка собрать воедино то, что позволит относительно легко объяснить, "что такое масонство".

ГЛАВА 1

ЧТО ТАКОЕ ФРИМАСОНРИЯ?

Изучение масонства неисчерпаемо, и на эту тему написано и представлено множество научных книг и статей; поэтому я не собираюсь пускаться в путь по дорогам масонства и теряться в дебрях ритуалов и символов, поскольку эти темы в любом случае в значительной степени освещены теми, кто за и против масонства.

Цель этой работы - дать вам более широкое представление о том, что такое масонство, за что оно выступает, каковы его цели и задачи, и в какой степени оно продвинулось к заявленным целям. По этой причине я буду иметь дело сначала со спекулятивным масонством, той частью масонства, которая имеет дело с духовными вопросами жизни и смерти, человеческим духом, а затем с теми, кто управляет им, с кратким объяснением оперативного масонства.

Для подробного описания ритуалов и церемоний я использовал такие масонские справочники, как *Королевская масонская энциклопедия*, или, как ее иногда называют, *Циклопедия. Вы можете узнать*, где величайшие защитники масонства излагали свои идеи, в частности Альберт Пайк и доктор Макки, а также из книг и журналов, написанных злейшими врагами масонства; такими людьми, как аббат Барруэль, профессор Джон Робинсон, Экерт, Копен-Альбанчелли и Артур Преусс, и это лишь некоторые из тех ученых, которых масоны называют "нашими непримиримыми врагами". (Странно, что иезуиты используют точно такое же выражение).

О происхождении масонства спорят уже более 150 лет. По словам Пайка:

"... Истоки масонства известны только масонам.

Пайк позволяет принимать себя как должное. Его заявление направлено на то, чтобы обмануть несведущих, и является довольно типичным обманом, практикуемым масонством, - это все равно, что попасть в руки фокусника, не зная, как он добивается своих иллюзий.

Происхождение масонства, однако, очень хорошо известно; это не секрет и не тайна. Но также, безусловно, верно и то, что большинство масонов, которые никогда не выходят за пределы четвертой степени, не знают о происхождении общества, диктату которого они так рабски следуют.

Доктор Маки, признанный масоном и официальным представителем масонства, с готовностью признает это. Его главный защитник, Дж.Ф. Гулд, подтверждает, что среди самих масонов существует много разногласий по поводу его происхождения. Это можно увидеть в его книге *"История масонства"*. Современные исследования показывают, что его происхождение лежит в вавилонском и египетском мистицизме, связанном с черной магией.

Это религиозный культ, посвященный поклонению Люциферу. Она антихристианская и революционная, хотя ее хозяин, Люцифер, является символом восстания против Бога, восстания, которое продолжается уже тысячи лет.

Своими знаниями о масонстве мир обязан профессору Джону Робинсону, одному из самых выдающихся его членов, который дезертировал из его рядов, а значит, человеку, которого масоны не могут назвать лжецом или невеждой. Профессор Робинсон преподавал в Королевском обществе в Эдинбурге, Шотландия. Его предмет: философия человека. Робинсон был глубоко вовлечен в тайные общества, главным из которых была баварская секта иллюминатов Адама Вейсхаупта.

Робинсон был масоном 33-й степени, что означает, что он достиг вершины масонского ордена Шотландского обряда.

В 1796 году Робинсон опубликовал статью, в которой изложил цели иллюминатов, доказав, что иллюминаты были очень близки к масонству. На самом деле, масонство было средством распространения революционных доктрин иллюминатов, начиная с Франции.

Робинсон неопровержимо доказал, что цель иллюминатов и масонов - уничтожить все религии и правительства, стереть христианство с лица земли и заменить его люциферианским культом.

Новый мировой порядок, обещанный масонством, - это деспотический, люциферианский мировой порядок в рамках единого мирового правительства. Полный набор планов грядущей революции попал в руки баварского правительства, которое было настолько глубоко встревожено, что разослало копии всем правительствам и главам государств Европы, но его предупреждение было полностью проигнорировано.

В документах Вейсхаупта были изложены все подробности грядущей Французской революции. Приверженец масонского ордена, граф Шелбурн, обучал и тренировал Дантона и Марата (радикальных лидеров Французской революции) и руководил всеми этапами "французской" революции из Англии.

ГЛАВА 2

ПРОИСХОЖДЕНИЕ КАМЕННОЙ КЛАДКИ

Вавилонский гностицизм - мать масонства, именно поэтому буква "G" находится в центре пятиконечной звезды масонства.

Несмотря на яростные опровержения защитников масонства, не менее важный авторитет в области масонства, представитель его высшего Ордена, Элифас Леви заявил, что знаменитая буква "G" означает гностицизм. В своей книге *"Догма и ритуал высокой магии"*, том II, стр. 97, Леви говорит:

> Буква "G", которую масоны помещают в центре пылающей звезды, означает гностицизм и поколение, самые священные слова древней Каббалы.

Согласно *"Энциклопедии религий"*, Каббала - это древний еврейский мистицизм, а брат Эдершем является авторитетом в области Каббалы. Как я уже говорил, я не хочу вдаваться в подробности, но необходимо очень кратко установить, что такое Каббала.

Для этого я привожу авторитетную цитату из книги "Брат Эдершам":

Неоспоримо, что даже во времена Иисуса Христа существовал свод доктрин и спекуляций, которые тщательно скрывались от народа. Они не были открыты даже обычным ученым (как в случае с высшими доктринами и обычными масонами), чтобы не вовлечь их в еретические идеи.

Этот жанр назывался Каббала; как следует из самого термина (т.е. получать и передавать), он представлял собой духовные переходы, передаваемые с древнейших времен, хотя и смешанные с нечистыми или чужеродными элементами с течением времени.

Это та самая традиция древних, которую Иисус Христос полностью осудил в самых решительных выражениях, как это записано в четырех Евангелиях - записи его слов во время его земного служения.

Из вышесказанного ясно, что масонство происходит от религии, полностью противоположной служению Христа. Отсюда следует, что, несмотря на яростное отрицание, масонство является антихристианским по своему учению и духу. Другие, непримиримые противники масонства, как уже говорилось выше, идут еще дальше. Один из авторитетов в области каменной кладки, Копин-Альбанчелли, сказал:

Масонство - это контрцерковь, контркатолицизм, церковь ереси.

Он цитирует несколько известных масонских источников в поддержку своего утверждения, например, Копен-Альбанчелли, *Бюллетень Великого Востока Франции*, сентябрь 1885 года, который утверждает:

Мы, масоны, должны добиваться полного разрушения католических церквей.

Я имел честь найти масонские документы в Британском музее в Лондоне, чтобы узнать, было ли это заявление и другие, которые последовали за ним, отозваны или опровергнуты. Но за пять лет интенсивных исследований мне не удалось обнаружить ни одной масонской публикации, содержащей опровержение своих разрушительных намерений в отношении католической церкви.

Другой пример, приведенный Копин-Альбанчелли, - меморандум Верховного совета Великого Востока (европейского масонства), в котором говорится:

Борьба между католицизмом и масонством - это война на смерть без перемирия и четверти.

Это заявление никогда не было опровергнуто.

Далее Копин-Альбанчелли приводит другие примеры, ссылаясь в качестве источника на речь, произнесенную на банкете в честь летнего солнцестояния в 1902 году братом Дельпеком, который, среди прочего, сказал:

Триумфы галилеян продолжались двадцать веков. Римско-католическая церковь, основанная на галилейском мифе (ссылка на Иисуса Христа), начала стремительно разлагаться с момента основания масонской ассоциации? С политической точки зрения масоны часто менялись. Но масонство всегда твердо стояло на этом принципе: война всем суевериям, война всему фанатизму!

Вышеизложенная информация, подлинность которой

не вызывает сомнений, делает масонов и масонство антихристами и антихристианами, самым пренебрежительным образом отвергая его учение как галилейский миф и суеверие. Их накопившаяся ненависть и яд направлены в первую очередь на католическую церковь, но некоторые говорят, что католики не являются христианами. Поверьте мне, если бы это было правдой, масонство не тратило бы 99% своего времени и энергии на попытки уничтожить католическую церковь. Зачем масонству тратить столько ценного времени и энергии? Давайте будем логичными в этих вопросах.

Вышеизложенное не должно оставлять сомнений относительно позиции масонской иерархии. Это также ясно показывает, что масонство вовлечено в политическую деятельность, несмотря на его частые заявления об обратном. Если обобщить выводы, которые можно сделать из приведенных выше высказываний, то можно прийти только к одному суждению: Масонство - это, по сути, ложное, обманчивое и вводящее в заблуждение тайное общество, в которое большинство его членов увлекает поток банкетов, общественных собраний, добрых дел, доброй воли и филантропического общения. Зловещий характер масонства полностью скрыт от массы его членов, то есть от тех, кто не идет дальше синей или четвертой степени.

Согласно ученому Дому Бенуа, высокопоставленному исследователю масонства, который, по признанию даже самих масонов, обладает большими познаниями в их тайных спекулятивных оракулах, масонство - это культ дьявола. Описывая церемонии посвящения в 25-ю степень (Рыцарь Бронзового Змея), посвящаемые клянутся работать для возвращения человека в Эдемский сад. Мастер упоминает змея как друга человека, в то время как наш Бог - которого масоны называют Адонай или Адонай - указан как враг человека.

Бенедикт говорит, что в степени 20 вывод о люциферианском поклонении делается еще более позитивно, ибо председательствующий говорит посвященному:

Святым именем Люцифера изгони мракобесие.

Обскурантизм - одно из немногих ключевых слов, которое заставляет любого масона выше четвертой степени пускать пену у рта при упоминании в его присутствии кем-то, кто не является масоном и, следовательно, не должен знать это слово и его значение.

Как я уже говорил ранее, многие масоны, исповедующие христианство, "как только вы узнаете эти тайны, может ли остаться место для сомнений, что масонство - это поклонение Люциферу и очернение Христа".

У Бенедикта есть еще одно, более ужасное обвинение против масонства, которое он изложил следующим образом:

Кто может быть настолько легковерным, чтобы думать, что после стольких серьезных и постоянных утверждений, что масоны уважают все религии, что забота о религии и ненависть к католической церкви существуют только в определенных масонских степенях, в которых Христос, как говорят, был падшим ангелом. Я видел эмблемы одной из Великих Лож - потир с изображением хозяина, пронзенного кинжалом, другой - мир с перевернутым крестом, третий - Сердце Иисуса с девизом "Cor Ex Secranrum".

В дискурсе из книги Альберта Пайка "Палладиум люциферианских обрядов для избранных реформаторов" Бенедикт утверждает, что посвященным предписывается "наказать предателя Иисуса Христа, убить Адонаи, проткнув ножом носитель, убедившись, что это освященный носитель, произнося при этом ужасные богохульства".

Пайк родился в 1809 году и умер в 1891 году. Его книга *"Мораль и догма"* подтверждает его поклонение сатане и веру в Новый мировой порядок. Он презирал любую политическую систему, которая не была ограниченным республиканским правительством с демократическими принципами. Согласно Пайку, политическая власть, богатство, здоровье и долгая жизнь должны были быть получены через поклонение Люциферу.

Книга очень пропагандирует гомосексуализм, на обложке изображен двуглавый орел. Очевидно, что центральной темой книги является разрушение морали и семьи. В книге осуждается библейская мораль и семья как краеугольный камень цивилизации.

Теперь я знаю, что есть те, даже старшие масоны, которые скажут: "...мы были масонами всю свою жизнь и никогда не были свидетелями такой церемонии". Конечно, нет! Это стандартная процедура в масонстве; только избранные посвящаются в эти обряды. Если вы не прошли степень 25 , то вы не знаете об этих мерзких антихристовых ритуалах! И позвольте предупредить вас, что любая попытка добиться подтверждения утверждений Бенедикта масонской иерархией будет означать, что ваши дни как масона сочтены. В дальнейшем вы станете меченым человеком, которому нельзя доверять.

Процитируем брата Стротера, другого признанного авторитета, который никогда не оспаривался масонством, просто потому, что он был одним из их собственных, из их внутренних советов, человека, который использовал слова, которые снова стали преследовать масонов:

> Масонство существует во Франции, Испании, Португалии и Южной Америке как антирелигиозная организация, которая в последние годы превратилась в своего рода антирелигиозную секту, не скрывающую своей ненависти к богооткровенным религиям.

Брат Стротер был членом Избранных, масоном высокой степени из Луисвилля, штат Кентукки, США. Я попросил нескольких высших масонов прокомментировать слова Строуэра. Все без исключения они либо признались в незнании личности брата Строуэра, либо отрицали, что он говорил что-либо подобное. Один особенно возмущенный масон, полковник полиции штата Северная Каролина, сказал мне: "Подобные комментарии - продукт больного антимасонского ума.

Но когда я противопоставил ему слова его собственных масонов, он предупредил меня, что мне лучше покинуть масонство. Слова, которые его расстроили, были сказаны печально известным Полем Лафаргом

(1842-1911) на Международном конгрессе Великих масонов Востока в 1866 году в Брюсселе, Бельгия:

> Война с Богом! Ненависть к Богу! В процессе продвижения нужно смять Небеса, как будто это лист бумаги.

На той же конференции видный масон по имени Ланесман повторил слова, использованные в 1880 году, а именно

> Мы должны сокрушить мерзость, но эта мерзость - не клерикализм, эта мерзость - Бог.

ГЛАВА 3

ИСТОРИЧЕСКИЕ ВРАГИ МАСОНСТВО

Я усердно искал документы, из которых были взяты эти выдержки, чтобы подтвердить их точность. Кроме того, с такой же тщательностью я изучил масонские записи в Британском музее в Лондоне в поисках опровержения или дезавуирования этих богохульств старшими масонами; но мои поиски не принесли никаких доказательств того, что эти слова не являются кредо масонства в целом, или что они были удалены.

Весьма уважаемым масонским лидером, подтвердившим все, что было сказано до сих пор, включая антихристову природу масонства, был его первосвященник Альберт Пайк, соучредитель реформированных обрядов Нового Палладия и Верховный понтифик американского масонства. Альберт Пайк и Эдгар Аллен По имели много общего. Оба родились в Бостоне в 1809 году. Оба были писателями и поэтами, оба были опиумными наркоманами, а также 33 градусными масонами и люциферианами.

В *Католической энциклопедии* мы читаем, что Альберт Пайк и другой важный масон высокого ранга, Адриано Лемми, вступили в сговор с целью нанести вред христианской религии в Италии. Пайк написал Лемми следующее:

> Влияние духовенства в Италии должно быть уничтожено в короткие сроки, законы против религиозных конгрегаций должны там соблюдаться. А (как насчет) школ? Там до сих пор преподается католическая религия. Заставьте людей протестовать через ложи.

Другими словами, использование масонских лож для создания "протестов" против католических школ.

Профессор Джон Робинсон потратил много лет на тщательное изучение экспозиции масонства, представленной аббатом Баррюэлем.

Робинсон заявляет:

> Барруэль подтверждает все, что я говорил об иллюминатах, которых он справедливо называет филозоистами, и о злоупотреблениях масонства во Франции.

Это, несомненно, показывает, что Вольтер, д'Алембер и Дидро, при содействии Фридриха II, короля Пруссии, создали и рьяно преследовали официальный и систематический заговор против религии, и я вижу, что их принципы и манера действий были такими же, как у немецких атеистов и анархистов ..... Но их любимым проектом было уничтожение христианства и всей религии, а также полная смена правительства.

Робинсон обсуждал несомненно важную роль, которую сыграло масонство во Французской революции, раскрытую аббатом Баррюэлем самым точным и неоспоримым образом. Если этого недостаточно для скептиков, то пусть они обратятся к самым важным "паролям" масонства. Один из них основан на Каине, которого Христос осудил как убийцу пророков в Евангелии от Матфея 23. Пароль "Тубал-Каин" - это очень явная ссылка на Каина. Другое "тайное слово" - INRI, "Igne Natura Renovatur Integra" - "Вся природа обновляется огнем", которое используется для описания Иисуса из Назарета. Предполагается, что посвященный должен "открыть", что это означает, что дает представление об инфантилизме ритуалов, в которых участвуют масоны.

Затем Мастер ложи заявляет:

> Мои дорогие братья, слово найдено, и все присутствующие аплодируют этому открытию, что Тот, чья смерть завершила христианскую религию, был обычным евреем, распятым за свои преступления. Именно на Евангелии и на Сыне Человеческом Кандид должен отомстить за братство понтификов Иеговы.

Эта цитата взята из работы аббата Барруэля, посвященной 18 градусам Розикрусианства. Розикруцианцы были масонами, которые основали английское масонство. Однако справедливо будет сказать, что подавляющее большинство английских масонов никогда не выходили за пределы четвертой степени и решительно отрицают существование вышеупомянутой степени. На самом деле, многие английские масоны заявили, что они набожные христиане и никогда бы не приняли участия в хулении Христа или его церкви! Масонство для большинства его членов - это не более чем повторение Первой и

Четвертой степеней. Неудивительно, что многие сдаются на этом этапе и не пытаются идти дальше. По словам очень промасонского доктора Макки, авторитетного специалиста по масонству:

... Это - объяснения, а Высшая степень - комментарий.

Есть те, кто говорит, что если масонство так плохо, то почему так много англиканцев и даже некоторые папы были масонами? Я согласен, что тысячи лидеров англиканской церкви могут быть масонами, но эти люди не христиане; они тайные агенты Люцифера, спящие на месте в церкви, чья функция - разрушить ее! Можно ли говорить, что "некоторые папы были масонами", когда это невозможно доказать, хотя есть сильное подозрение, что по крайней мере три папы могли быть масонами? Подозрение не является доказательством. Ложный слух, пущенный среди масонов в Германии, о том, что Папа Пий XI был масоном, быстро перешел в Филадельфию. Эккерт, один из ведущих антимасонских авторитетов, говорит нам, что это было сделано, чтобы избежать последующего расследования этого заявления, которое было бы легче продвигать в Европе, чем в США. Тем не менее, это утверждение было тщательно исследовано Джоном Гилмари Ши, человеком, который много писал о жизни Папы Пия XI.

Исследование Ши доказало, что Пий XI никогда не был членом Филадельфийской ложи. На самом деле, в Филадельфии никогда не существовало такой ложи! Преусс, другой известный исследователь масонских истин, подтверждает, что заговор был ничем иным, как попыткой очернить Папу Пия XI и католическую церковь в целом.

В ответ на часто задаваемый вопрос: "Что такое масонство? "Я не могу сделать ничего лучшего, чем процитировать великого масонского ученого и историка аббата Баррюэля... Это зло самого гнусного рода, мнение, подтвержденное Верховным понтификом Альбертом Пайком, который сказал:

> Синие степени - это не что иное, как внешняя дверь портала Храма. Некоторые из полученных символов одинаковы, но адепта намеренно вводят в заблуждение ложными интерпретациями.
>
> Не предполагается, что он должен понимать их, а скорее, что он должен воображать себя понимающим их. Их истинное толкование предназначено для Инициатов, Принцев Масонства.

Эти слова встречаются в документах о Пайке, хранящихся в святилище Британского музея, если они не были удалены за прошедшее время, как это происходит со многими документами, когда они в конечном итоге становятся источником ссылок для исследователей масонства. В обществе, которое намеренно обманывает своих членов, должно быть что-то "злокачественно неправильное". Копин-Альбанчелли, уже цитированный нами масонский историк, утверждает, что масонство - это сила, направляемая оккультистами и используемая в качестве тарана против христианской религии.

ГЛАВА 4

ЭНЦИКЛИКА MIRARI VOS ПАПЫ ГРИГОРА XVI

В этой энциклике Папа Григорий постановил, что масонство является ..:

> ... Все, что было самым святотатственным, самым богохульным и самым постыдным в ересях и в самых преступных сектах, собралось в масонском тайном обществе, как во вселенской канализации.

Неудивительно, что меня смущает, когда люди говорят: "Католики - не христиане". Покажите мне, где говорится, что протестантский лидер когда-либо так решительно выступал против масонства, как католическая церковь. По сей день я не нашел ни одного.

Это может помочь объяснить тот факт, что Владимир Ленин был масоном. Преусс говорит о брате Ленине, что он принадлежал к тайной ложе в Швейцарии, под своим настоящим именем Ульянов Цедербаум, из которой он пытался свергнуть христианскую Россию, попытка, я могу добавить, в которой он преуспел, благодаря массивной помощи масонов Круглого стола, лорда Пальмерстона, лорда Милнера и множества английских масонов 33 степени. Однако швейцарское правительство назвало этого архидемона "интеллектуалом". Это имеет смысл, если учесть, что на протяжении веков родиной масонства всегда была Швейцария. Братство" показало на примере Ленина, что масоны держатся вместе, особенно в начинаниях, целью которых является уничтожение христианской религии, как в случае с православной Россией.

Тот факт, что английские масоны заработали миллиарды долларов на разграблении России, был, конечно, дополнительным бонусом. Настоящее удовлетворение принесло свержение царского режима и широкомасштабное массовое убийство христиан (по некоторым данным, 60 миллионов), которое стало образцом для подражания в гражданской войне в Испании (июль 1936 - июнь 1939). Я имею в виду июнь 1939 года, потому что именно в этом месяце Франко с триумфом прошел по улицам Мадрида, сокрушив для Бога и страны люциферианские силы коммунистического масонства в своей стране.

Известным авторитетом, о котором я еще не упоминал, является Марджиотта, который был посвящен в Обряд Паллады и стал "Принцем Масонства". Марджиотта утверждает, что Пайк требовал, чтобы бога масонства называли Люцифером, вопреки желанию своего брата-масона Адриано Лемми, который хотел, чтобы масонского бога называли Сатаной.

Альберт Маки утверждает, что масонство здесь для того, чтобы установить Новую Универсальную Религию. В публикации *A Cause* говорится, что масоны должны игнорировать все законы и власть в каждой стране, что в точности соответствует бунтарской революционной природе Люцифера, который восстал против законов и власти Бога. Поэтому можно сказать, что по самому своему признанию масонство является революционной силой, существующей с целью свержения существующего порядка на Земле, подобно тому, как его хозяин Люцифер пытался свергнуть существующий порядок во Вселенной! Масонство - это военизированный орден, что полностью подтверждается его званиями и символами, которые носят военный характер.

И Эккерт, и Бенуа настаивают на том, что истинная власть масонства, Верховное командование, полностью оккультна по своей природе, что объясняет, почему скрытое Верховное командование прячется за массой символов и церемоний, которые не должны быть обнаружены, пока не будет достигнута высшая степень Ордена. Делается все возможное, чтобы личность (даже смена имени) этих тайных лидеров была скрыта от рядовых членов, в манере, подобной той, которую использовали большевики в России. (Вот где большевики получили свою смену имени?)

19 степень масонства Шотландского обряда гласит:

> Ведите войну на Кресте Иисуса Христа. Принять культ Люцифера - огня и плоти.

Эти мерзкие слова являются частью доказательств, приведенных в книге Бенедикта "Масонство", самом замечательном изложении масонства, доступном тем, кто стремится узнать истинную цель масонства.

Три слова приводят в ярость 33 масонов:

> Католицизм, мракобесие и клерикализм.

Второе слово - это всего лишь масонское слово, которое они любят использовать для описания учения Христа.

Очевидно, оно должно иметь двойной смысл, чтобы вызывать такую ярость, какую оно вызывает у не-масонов, поскольку предполагается, что не-масоны игнорируют такие слова, а масоны ненавидят, когда их разоблачают. Масонство - это ложное братство, поскольку оно намеренно исключает бедных и тех, кто не имеет шансов когда-либо достичь политической власти, и намеренно обманывает своих членов низшего порядка.

ГЛАВА 5

ЭКЕРТ ЗАДАЕТ УМЕСТНЫЙ ВОПРОС

Эккерт задает этот уместный вопрос:

> Почему Орден исключает бедных, которые не имеют политической или экономической ценности? Хорошо известен факт, не отрицаемый самим масонством, что в него стремятся попасть только те, кто добился успешной коммерческой или политической карьеры. Дело в том, что деньги - это движущая сила, когда речь идет о приеме новичков в братство.

Такое вопиющее лицемерие должно послужить предупреждением всем тем, кто был приглашен посетить один из масонских храмов в своем районе для светского приема. Это обычный способ вербовки тех, кто, по мнению Ордена, получит от него финансовую выгоду. Масон спрашивает "Are you in the Square", что означает "Are you a Mason? ". Вопрошающий прекрасно знает из тайного рукопожатия, что человек, к которому он обратился, не масон, а тот, кого он считает вероятным кандидатом на членство в его ложе!

Для описания степеней и ритуалов потребуется отдельная книга, поскольку существуют сотни обрядов, многие из которых граничат с инфантильностью.

Существует много хороших книг, посвященных исключительно этим ритуалам, которые утомительно читать. Согласно Масонской Библии, *Энциклопедии масонства* и более поздней работе под названием *"Смысл масонства"*, написанной У.Л. Уилмхерстом, основные обряды следующие:

❖   Древний и принятый шотландский обряд
❖   Иродианский обряд
❖   Древний шотландский реформатский обряд
❖   Великий Восточный Обряд (частью которого является Французский Обряд)
❖   Шотландский философский обряд (широко используется в Швейцарии)
❖   Электрический обряд (широко используется в Германии)
❖   Мизраимский обряд (древнеегипетский обряд)
❖   Обряд жоанитов

Интересно отметить, что штаб-квартира Универсального Масонства находится в Женеве, Швейцария, под названием Международная Масонская Ассоциация. Швейцария, как показывает история, всегда была убежищем для революционеров.

Второй "филиал" находится в Лозанне и является особо секретным. Аскона - родина гностического сатанизма, масонства и коммунизма. Помните, что масоны - революционеры, их учили восставать против всех существующих правительств, и швейцарские масоны не являются исключением из этого масонского предписания.

Бенуа говорит о масонских ритуалах:

... Они длинные, нудные и чрезмерно детские.

Чтобы их детские глупости не были обнаружены "посторонними", перед началом заседания ложи ее "накрывают" - термин, используемый масонами для того, чтобы гарантировать отсутствие посторонних или злоумышленников, которые могли бы наблюдать и сообщать о ходе заседания.

Экерт и Копин по-разному описывают эти действия и используют для их описания термин "невероятная буффонада". Цель всех этих выходок, говорит Копин, в которых участвуют секретные пароли, неизвестные посторонним, и Хирам (Хирам Абифф, царь Тира), якобы строитель храма Соломона, который был убит, - обмануть светскую власть, заставив поверить, что масонство - это благородное общество, которое занимается банкетами, сбором денег для бедных и вообще приносит пользу обществу! Копин говорит, что в ритуале Средней палаты, в которую никогда не входит мастер, члены должны ходить и контрамаршировать "как школьники".

Эккерт продолжает:

> ... Мы рассматриваем ритуал как театральное представление, слишком серьезное, чтобы быть шуткой, слишком надуманное, чтобы быть серьезным.

Тем не менее, это серьезно. Цель состоит в том, чтобы отсеять тех, кто быстро показывает, что у них нет желания продвигаться дальше, тех, кто рабски следует ритуалу. Хайрам, конечно же, занимает центральное место. Для них лестница, по которой им приходится подниматься, ведет их не к дальнейшему безрассудству, а к более высокому и надежному положению в масонстве. Интересно отметить некоторые из титулов, к которым, возможно, когда-нибудь будут стремиться энтузиасты:

- ❖ 5 градусов: Идеальный мастер
- ❖ 11 Степень: Возвышенный избранник двенадцати принца Амета
- ❖ 16 Градус: Князь Иерусалимский
- ❖ 19 Степень: Великий понтифик
- ❖ 28 Степень: Рыцарь Солнца или Принц-Адепт
- ❖ 31 Степень: Великий Инспектор Инквизитор Командор
- ❖ 32 Степень: Возвышенный принц королевской тайны
- ❖ 33 Степень: Верховный понтифик универсального масонства

Меня особенно интересует иродианский обряд. Почему кто-то хочет поклоняться такому убийце, как царь Ирод, который убил тысячи новорожденных младенцев, когда волхвы принесли ему тревожную весть о рождении Христа? Единственная причина, которую я могу придумать, это то, что Ирод пытался убить младенца Христа и что масоны являются антихристовым орденом.

Но именно Принцам Масонства, тем, кто достиг 33 степени, открывается истинное лицо Масонства. Адриано Лемми, такой князь, показал это в своей вспышке ненависти к семье и церкви в письме к Марджотте:

> Да, да, штандарт Царя Ада находится на марше... и должен бороться сегодня, более энергично и открыто,

чем когда-либо, против всех средств клерикальной реакции.

Тех, кто рабски выполняет детские игры масонства и следует всем церемониальным предписаниям до буквы, ничего не упуская, называют "Светлыми масонами", что на две ступени выше так называемых "Масонов ножа и вилки", которые живут только ради многочисленных пиров и банкетов, устраиваемых масонами, а тех, кто не подходит для более высокой степени, называют "Ржавыми масонами". Бенедикт говорит, что последние также известны как "масоны-попугаи", потому что они знают уроки, но не их смысл. В ложах нет абсолютно никакого равенства, что опровергает заявления масонов о том, что все равны, и что "свобода, равенство и братство" - это краеугольный камень, на котором построено масонство.

Пайк пишет, что поклонение Люциферу известно только тем, кто достиг последней степени. Лорд Кристофер Соамс, зимбабвийский предатель, является таким человеком, как и лорд Каррингтон, бывший генеральный секретарь НАТО. (В Конгрессе США есть много тех, кто разделяет взгляды лорда Соамса и лорда Каррингтона. Один из тех, кто быстро приходит на ум, - сенатор Трент Лотт, масон 33 степени). Копен, Бенуа и Экерт напоминают нам, что пароль INRI, который я объяснил ранее, является антихристовым словом. Интересно, как сенатор Лотт и ему подобные, исповедующие христианство, могут примирить это со своей совестью?

Что такое люциферианский культ? Нам необходимо прояснить этот момент, чтобы понять обряды Пайка и то, чему на самом деле следуют князья масонства, исповедуя себя христианами, как в случае многих членов иерархии англиканской церкви, аристократии Европы, не говоря уже о либеральном истеблишменте Восточного побережья США и многих членах Конгресса! Как объясняет Альберт Пайк, люциферианский культ - это вероучение, которое учит, что Люцифер был самым светлым из трех ангелов, помещенных по правую руку от Бога, сверхсуществом с превосходным интеллектом и способностями. Его сила была настолько велика, что он смог бросить вызов Богу и захватить власть над Вселенной.

Затем последовала могучая битва со святым Михаилом, ангелом-воином Бога (которого масоны считают братом Люцифера), который победил Люцифера и изгнал его из присутствия Бога.

Иисус Христос упоминает об этом в Евангелиях. Люцифер был изгнан в ад, который описывается как реальное место во вселенной. Люцифер взял с собой многих ведущих ангелов небесной иерархии, которые были готовы отступить вместе с ним. Согласно люциферианскому вероучению, Бог дал этим ангелам еще один шанс покаяться, так как посчитал, что они были обмануты коварным хозяином, Люцифером.

Именно с этой целью Бог создал нашу планету, а ангелам, которые были обмануты и не восстали открыто, дал тела по образу Божьему и позволил населить Землю. Эти существа были наполнены дыханием, духом и светом Бога и были освящены Богом. Они ничем не отличались от обычных людей, кроме того, что не знали о своей предыдущей жизни на Небесах. Но они получали вдохновение от Его Слова, чтобы поддержать их в их плане, и сохраняли свободную волю. Их разум использовался для того, чтобы решить, откуда пришло вдохновение, и воплотить его в телесных действиях, которые всегда либо положительные, либо отрицательные - никакой середины. Эти действия записаны в книге, известной как Книга Жизни, о которой говорится в Откровении.

Своими действиями в физической сфере эти существа небесного происхождения определяют свое будущее, т.е. они могут принять план Люцифера или план Бога по управлению Вселенной. Можно сказать, что это почти то же самое, чему учит христианская Библия, но не совсем.

Внезапно появляется Сатана, приведенный Люцифером, как Князь мира (обратите внимание, что использование слова "Князь" также используется масонами) во время сотворения мира. Задача сатаны состояла в том, чтобы заставить первых родителей отвернуться от Бога и присоединиться к Люциферу, тем самым испортив его план.

Бог, говорит Пайк, гулял в Эдемском саду со своим первым сыном, но не наставил его в удовольствиях секса, потому что он ревнивый и эгоистичный Бог. Как учит Нижний Орден Палладиева Обряда, Бог сделал это потому, что это удовольствие принадлежало Ему и не должно было быть разделено, пока дети не докажут свое послушание, честность и абсолютную порядочность. Только тогда она будет дана им в награду.

Затем, говорит Пайк, сатана взял дело в свои руки и по приказу Люцифера познакомил Еву с удовольствиями секса, которые Бог зарезервировал для деторождения и которые он просто отложил для первых родителей, пока они не были готовы. Сатана сказал Еве, что она, как и Адам, будет равна по силе Богу и что ей никогда не придется пройти через смерть. Сатана познакомил Еву с тем, что мы любим называть "плотским знанием", этот термин полностью вводит в заблуждение.

Так был представлен люциферианский идеал свободной любви и свободного секса в противовес божественному плану секса в рамках брака мужчины и женщины с целью рождения детей, основанного на духовном желании установить Царство Божье на Земле.

Объяснение Пайком Черной Мессы показывает, как Ева была развращена, и вместо того, чтобы секс был личным и частным актом физической и духовной любви, он стал публичной демонстрацией секса, открытой для всех, что и является сутью колдовства сегодня. Справедливо будет сказать, что, учитывая условия, преобладающие сегодня на земле в сексуальной сфере, сатана выигрывает битву, хотя и временно, пока его не победит Иисус Христос. Отсюда и непрекращающаяся ненависть к Христу, исповедуемая масонами!

ГЛАВА 6

ИСПОЛЬЗОВАНИЕ ХРИСТИАНСКОЙ БИБЛИИ В МАСОНСКИХ ХРАМАХ

Преусс и *Католическая энциклопедия* подтверждают использование Библии и Креста в масонских храмах. Многие масоны низшего ордена оспаривают утверждение, которое время от времени делается, что масонство - это люциферианский культ. Они говорят: "Поскольку мы показываем Библию и Крест, как такое может быть? ". Это часть плана масонства по обману. Библия там только для того, чтобы быть высмеянной в высшем порядке, как и Крест, который фактически попирается ногами, а в его адрес произносятся самые мерзкие ругательства.

Эккерт подтверждает, что Крест и Библию выставляют напоказ, чтобы низвести их до уровня других религиозных "книг", не имеющих большого значения. В 30-й степени Шотландского обряда посвящаемый должен попирать Крест, а рыцарь Кадош говорит ему: "Попирай это изображение суеверия! Раздавите его! "Если посвящаемый не делает этого, ему аплодируют, но секреты 30 степени ему не передаются. Если он попирает Крест, его принимают в орден рыцарей Кадош и поручают совершить возмездие трем изображениям, представляющим Папу, суеверие и короля.

Это наглядное описание дает известный авторитет Бенуа в своем монументальном труде "*Масонство*". Масоны надеются продвинуть дело стремления Люцифера управлять Вселенной. Некоторые масоны зашли так далеко, что стали эмаскулировать, полагая, что необузданная сексуальность, разрешенная люциферианским вероучением, может помешать их работе по установлению царства Люцифера на Земле. Янош Кадер, бывший венгерский лидер, кастрировал себя по этой причине. Католическая церковь не впадает в такую крайность, но требует безбрачия для священников и монахинь, чтобы сексуальное давление не играло никакой роли в их служении человечеству и Христу. Пайк, хотя и был Верховным Понтификом, получил свои приказы через серию "Инструкций" в 1889 году от того, что Марджиотта называет "Верховным Советом 23 Советов Всемирного Масонства".

Согласно некоторым переводам текста, который находится в Британском музее в Лондоне, инструкции таковы:

Вам, суверенные генеральные инспекторы, мы говорим это, чтобы вы могли повторить это Братьям 32 , 31 и 30 степеней: Масонская религия должна, всеми нами, Инициатами высоких степеней, поддерживаться в чистоте от люциферианской доктрины. Если бы Люцифер не был Богом, Адонаи, чьи дела доказывают его жестокость и ненависть к человеку, его варварство и отвращение к науке, разве Адонаи и священники стали бы клеветать на него? Да, Люцифер - Бог, и, к сожалению, Адонай тоже Бог. Ибо вечный закон таков, что нет света без тени... Таким образом, учение сатанизма - ересь, а чистая и истинная философская религия - вера в Люцифера, равного

Адонаю, но Люцифер, Бог света и Бог добра, борется за человечество против Адоная, Бога тьмы и зла.

Это и есть истинная религия масонства.

Цели и задачи масонской религии, как описано выше, ведут к революциям, призванным свергнуть Царство Божье на Земле. Свержение христианской России было великим триумфом для антихристианских сил, их поражение от генерала Франко в Испании было катастрофическим ударом, в котором масонство также потерпело поражение, что Франко никогда не будет прощено. Если вы думаете, что это непрочная связь, подумайте еще раз: масонский план отделения церкви от государства в США разрывает Америку на части, как и аборты, принудительный отказ от школьных молитв и запрет христианам должным образом отмечать святые дни Пасхи, Пятидесятницы и Рождества как национальные праздники. (Не так, как язычники с пасхальными яйцами, Дедами Морозами и т.д.).

Это лишь несколько примеров того, что признала эта доктрина. Масонское давление - это мощное давление! Чтобы мы не забыли, или даже чтобы некоторые из нас никогда не знали, масоны во Франции призвали к восстановлению связей с большевистским правительством после всемирного разрыва дипломатических отношений в знак протеста против насилия и кровопролития большевистской революции. Масонский президент Вудро Вильсон был первым, кто признал большевистское правительство, несмотря на сильные протесты Конгресса. Сила каменной кладки впечатляет!

Эккерт

Масоны организовали Первую мировую войну; они признают себя самыми свирепыми повстанцами и апостолами убийств в мире.

Убийство австрийского эрцгерцога Фердинанда в Сараево, которое обычно рассматривается историками как искра, зажегшая Европу в Первой мировой войне, было масонским делом. Многие авторитеты, помимо Эккерта, согласны с этим утверждением. Из объяснения ритуала, а также из светской истории и признаний членов ордена можно сделать правильный вывод, что масонство является заговором против алтаря, правительства и прав собственности, с целью установления на всей поверхности Земли теократического социального царства, чье политико-религиозное правительство будет иметь свою резиденцию в Иерусалиме. Непременным условием этой реализации является уничтожение трех препятствий на этом пути - католической церкви, национальных правительств и частной собственности.

Среднее возражение в значительной степени отпало. Вряд ли найдется правительство, где масонство если не приветствуется, то, по крайней мере, беспрепятственно переносится. Я часто задаюсь вопросом, что же такого есть в правительствах, что позволяет этой раковой опухоли в их среде преодолевать все усилия по ограничению ее деятельности. Правительства не могут быть слепы к истории, которая полна примеров масонского предательства. Почему же тогда этому дьявольскому тайному обществу, этой люциферианской религии позволено существовать в христианских странах? Почему любому тайному обществу позволено существовать? Я хотел бы, чтобы кто-то более сведущий, чем я, разрешил этот вопрос, который меня так озадачил.

Это может быть связано с тем, что правительства всех западных стран полностью контролируются паразитическим тайным правительством, подобным тому, которое мы описали в нашей книге о Комитете 300, через его Совет по международным отношениям,[1] , который является абсолютно люциферианским во всех аспектах своей деятельности. В дополнение к этому, у нас есть много влиятельных религий, которые не являются христианскими, и, более того, одна крупная религия, которая является откровенно антихристианской, играет ведущую роль во всех антихристианских действиях.

Масоны рассматривают уничтожение Христа как важнейшую цель своих религиозных задач, которые, конечно, полностью коррелируют с их политическими устремлениями. Америке все равно придется заплатить цену за "религиозную свободу", и эта цена, скорее всего, будет полным разрушением этой великой американской республики в ее нынешнем виде. Если вы открываете двери ворам, то ожидайте, что ваш дом будет взломан!

Масонская ложь о "равенстве всех религий" была много раз разоблачена как шарлатанство, надуманная ложь, но стоит повторить: в масонстве нет свободы религии. Никакой другой культ, кроме люциферианского, не допускается, а все остальные принижаются. Христианство, в частности, может ожидать нападения на него с особой жестокостью, когда масоны захватят все светские правительства

---

[1] Знаменитый CFR, NDT.

этого мира, что является их часто декларируемой целью.

Естественно, масонство не вещает о своих намерениях с крыш каждого города; более того, как я уже говорил, большинство его членов совершенно не знают этих истин.

Еще раз процитируем Верховного понтифика Альберта Пайка:

> Масонство, как и все религии, мистерии, герметизм и алхимия, скрывает свои секреты от всех, кроме Инициатов, Мудрых или Избранных, и использует ложные объяснения и толкования своих символов, чтобы обмануть тех, кто заслуживает быть обманутым, и скрыть от них истину, которая называется светом, и отделить их от нее.

Это весьма откровенное заявление, подлинность которого оспаривается рядом масонов, было подтверждено Преуссом, одним из самых авторитетных специалистов по масонству, и содержится в бумагах Пайка, хранящихся в Британском музее в Лондоне. Нет абсолютно никаких сомнений в подлинности этой цитаты.

ГЛАВА 7

БРИТАНСКОЕ ПРОИСХОЖДЕНИЕ ОБМАНА

Британцы дали этому миру много великих обманщиков. Один из них приходит на ум: Бенджамин Дизраэли, один из величайших премьер-министров страны, хотя до того, как его почти без гроша в кармане приютили Ротшильды, он не добился больших успехов. Но это история, которую я рассказал в своей книге *"Династия Ротшильдов"*, история, которая открылась лишь очень немногим. Дизраэли признан авторитетом в области масонства, и спустя долгое время после окончания Французской революции он сделал следующее заявление:

> Не парламенты, не народ, не ход событий свергли с трона Луи-Филиппа... Трон был застигнут врасплох Тайными обществами, всегда готовыми опустошить Европу.

Я знаю, что эта фраза уже много раз цитировалась в прошлом, но мне показалось, что ее стоит включить в эту книгу просто потому, что сегодня она не менее важна, чем тогда, когда Дизраэли произнес эти слова в 1852 году.

Не заблуждайтесь, силы, опустошившие Францию и Россию, готовы опустошить Соединенные Штаты.

Неужели вы не обратите внимание на то, как Южная Африка была предана и продана Новому мировому порядку? Если мы не будем осторожны, мы заслуживаем той участи, которая, вероятно, постигнет всех нас, если мы не сможем разбудить американский народ! Я говорю это потому, что изучение тайной американской истории раскрывает смертоносное и злое влияние масонства на дела этой нации. Президенты Линкольн и Гарфилд были убиты масонами. Существует множество несомненных источников, указывающих на то, что эти убийства были подготовлены и спланированы масонами, и на этом все не закончилось. Президент Рейган едва избежал смерти от рук Джона Хинкли.

Масонство Шотландского обряда планировало многочисленные заговоры с целью убийства политических деятелей, ставших неудобными для масонской власти. Психиатр, к которому Хинкли обратился за первой консультацией, был масоном. Хинкли был запрограммирован на проведение покушения, которое не удалось. Короче говоря, Хинкли промыли мозги не меньше, чем Сирхану-Сирхану. Как я уже сообщал в предыдущих публикациях, психиатр Хинкли, который позже давал показания на суде над ним, получил значительный "грант" от Шотландского обряда масонства. Нужно ли говорить больше?

Тем, кто все еще думает, что масонство - это филантропический орден, призванный творить добро, позвольте посоветовать прочитать, что говорили об ордене Копен-Альбанчелли, суровый критик, и Луи Блан, один из любимцев масонства. В момент откровенности Блан обнажил обман масонства для всеобщего обозрения:

Поскольку три степени обычного масонства объединяли большое количество противоположных людей, из-за статуса и принципа социального ниспровержения, новаторы умножили степени как множество ступеней для восхождения по мистической лестнице, они учредили высокие степени как темное святилище, чьи порталы открываются для посвященных только после долгой серии испытаний, (которые) призваны доказать прогресс его революционного образования, постоянство его веры и храм его сердца.

Блан предоставил такой неоспоримый факт: масонство является одной из самых сильных революционных сил в мире, и было таковой с момента своего возникновения. И снова мы должны поблагодарить представителя масонов за помощь в обнаружении доказательств, необходимых для подтверждения вышеприведенного утверждения.

Я заметил, что каждый раз, когда масоны устраивают большой банкет, один из них дает волю чувствам, и правда выходит наружу. Посмотрите на заявление, сделанное масоном Жаком Дельпешем на очень большом и важном банкете, состоявшемся в 1902 году:

Триумф галилеянина длится двадцать веков, и в свой черед он умирает. Таинственный голос, который когда-то возвестил о смерти Пана на горе Эпир, теперь возвещает о смерти обманчивого Бога, который обещал эру справедливости и мира тем, кто в него поверит. Иллюзия длится уже долгое время; лживый Бог исчезает в свой черед; он собирается присоединиться к другим божествам Индии, Греции и Египта, а также Рима, где так много обманутых существ бросились к подножию их алтарей. Масоны, как мы рады сообщить, не озабочены этой гибелью лжепророков.

Римская церковь, основанная на галилейском мифе, начала стремительно клониться к упадку в тот день, когда была создана масонская ассоциация... С этой политической точки зрения масоны часто менялись, но с незапамятных времен масоны твердо стояли на этом принципе, война всем суевериям, война всему фанатизму.

Оригинал этого заявления можно увидеть в Британском музее в Лондоне. Я приводил выдержку из этого заявления ранее в этой книге, но поразмыслив, я счел нужным включить его полностью, поскольку считаю его самыми откровенными словами, когда-либо произнесенными старшим масоном.

Возможно, менее известна роль, которую сыграло масонство в Войне между государствами, также известной как Гражданская война в Америке. Одним из авторитетов в этом вопросе является автор Бланшар, который в своей книге *"Масонство Шотландского обряда"*, том II, стр. 484, рассказывает об этом трагическом конфликте:

> Это самый печально известный акт масонской войны: перед войной они сожгли свои записи 59-летней давности, чтобы скрыть измену. Но тогда в стране правило рабство, а в ложах правил Чарльстон 33 степени. И южные ложи готовились к самой неоправданной и позорной войне в истории. Южане были приведены к этому лидерами, которые тайно поклялись подчиняться масонским приказам и лидерам, или им перережут горло!

Так чего же добилось масонство на сегодняшний день? Во-первых, его война против Христа и Церкви усилилась благодаря массовому возрождению колдовства и поразительному распространению гностицизма за последнее десятилетие (см. мою книгу *"Сатанизм"*).

Обострилась и борьба с католической церковью. В 1985 году в высших советах Ватикана было больше иезуитов, чем когда-либо в истории католицизма. Его паравоенный орден, Общество Иисуса, смог распространиться по всему миру и посеять хаос среди стран, включая Зимбабве, Никарагуа, Филиппины и Южную Африку, а также в очень большой степени в Соединенных Штатах Америки, где он создал настоящую крепость-командный центр, из которого он проник во все ветви власти. Это породило дух анархии, охвативший мир во многих формах, не в последнюю очередь в виде "рок-музыки" и ее двойника, наркокультуры, а также в виде всплеска международного терроризма. Стоит помнить, что, по словам Христа, Люцифер олицетворяет анархию и мятеж, отцом которых он является. Рассматривая прогресс масонства, мы возвращаемся к его первому великому триумфу - кровавой Французской революции. Еще раз вспомните слова Христа: сатана - кровожадный убийца, и всегда им был.

Масонство сыграло главную роль в планировании и осуществлении Французской революции. Тем из вас, кто, возможно, не читал ее, я рекомендую книгу *"Французская революция"*,[2] , автор Неста Х. Вебстер.

---

[2] *Французская революция, исследование демократии*, Впервые переведено на французский язык издательством Omnia Veritas,

Это одна из лучших исследовательских книг, которая без тени сомнения доказывает, что Французская революция была масонским предприятием, финансируемым Ротшильдами, которые таким образом выразили свою давнюю и кипящую ненависть к Христу.

То же самое можно сказать и об ужасающей большевистской революции 1917 года. В обоих случаях мы видим направляющую руку духа масонства, особенно британского масонства. До этого мы видели англо-бурскую войну, жестокую и безжалостную попытку уничтожить маленькую пастушескую нацию богобоязненных христиан, первый акт геноцида, осуществленный исключительно для того, чтобы получить контроль над минеральными богатствами, лежащими под землей Южной Африки. Да, это был первый зафиксированный геноцид против нации. Ведущие масоны, такие как лорд Палмер и Альфред Милнер, совершили его против того, что они считали "дешевой" (по словам Сесила Родса) неполноценной нацией, белой, христианской нацией бурских фермеров.

Во время этой войны мы стали свидетелями первого применения концентрационных лагерей и тотальной войны против гражданского населения (в отличие от армии), в результате которой погибло 27 000 женщин и детей. Жестокая Крымская война стала еще одной вехой в развитии универсального масонства.

Абиссинская война, еще одна геноцидная война, была начата с единственной целью - разорвать Италию на

www.omnia-veritas.com.

части и ослабить католическую церковь. Это был не что иное, как масонский заговор от начала и до конца. Генерал Родольфо Грациани был ведущим масоном, и вся эта интрига была спланирована Мадзини, мастером-масоном и главным интриганом в масонской сети.

Неудивительно, что Муссолини запретил масонство в Италии в 1922 году и сослал некоторых его лидеров, таких как Бартелемео Торреджиани. Как обычно, они отправились в Лондон, мировую столицу подрывных и бунтарских движений всех видов, где британская пресса попыталась обмануть британский народ, сообщив, что итальянские масоны "не приветствуются", по выражению одной крупной газеты, опубликовавшей эту историю в 1931 году.

Как уже упоминалось, так называемая Гражданская война в Испании была попыткой установить коммунистическое правительство и свергнуть католическую церковь в Испании. Это был еще один масонский заговор, с какой стороны ни посмотри. Масоны воспользовались гражданскими беспорядками, поднятыми их силами, чтобы начать яростное и кровавое нападение на католическую церковь. Согласно официальной статистике, 50 000 монахинь и священников погибли самым жестоким и бесчеловечным образом. Ненависть к католической церкви была настолько сильной, что в ходе одной ужасной акции социалистические войска выкопали трупы монахинь и священников и выстроили их в сидячем положении у стен церкви, вложили в их руки кресты и ругали, обличали и проклинали мертвых всеми мерзкими ругательствами, которые только могли найти.

Поскольку западная пресса тогда, как и сейчас, находилась в руках масонства, "лоялисты" (коммунисты, единственной верностью которых была верность Люциферу) были поддержаны мировой прессой. Во время учебы в Британском музее я тщательно изучил освещение войны в прессе, а также просмотрел ряд "новостных репортажей" и документальных фильмов на эту тему, особенно некоторые из "новостных репортажей", которые явно были работой Тавистокского института.[3]

Все без исключения враги человечества удостоились похвалы, преклонения, поддержки и утешения, в то время как силы христианской Испании под руководством христианского генерала Франко подверглись всем необоснованным клеветам и обвинениям в жестокости, которые так хорошо умеет придумывать и проводить наша лживая пресса Запада. Смею предположить, что если бы сам Христос возглавил силы христианской Испании, продажные журналисты сумели бы как-то подорвать даже его усилия!

---

[3] См. Джон Коулман *The Tavistock Institute*, Omnia Veritas Ltd, www.omnia-veritas.com.

ГЛАВА 8

МАСОНСКИЕ УБИЙСТВА МИРОВЫХ ЛИДЕРОВ

Масонский заговор с целью убийства эрцгерцога Фердинанда в Сараево удался, и результатом стала Первая мировая война с ее ужасающими массовыми убийствами белых христиан. Первая и Вторая мировые войны были результатом масонских интриг, заговоров и планирования.

Я уже упоминал об убийствах президентов США Линкольна, Гарфилда, Мак-Кинли и Кеннеди. Убийства масонов не ограничивались американскими президентами, в них участвовал широкий круг известных личностей в истории.

Есть много других жертв масонских убийц, например, представитель Л. Макфадден, председатель банковского комитета Палаты представителей, который пытался остановить деятельность Федерального резервного банка, частного банка. Это не федеральный и не резервный банк, а инструмент порабощения, контролируемый масонством.

Конечно, общеизвестно, что Пауль Варбург, масон 33 степени из Германии, был автором статей, которые привели к подрыву Конституции США путем создания Федеральных резервных банков в 1913 году. Масоны в

Сенате США обеспечили его принятие в качестве "закона".

Только двое из заговорщиков, которые 22 ноября 1910 года покинули Хобокен в запечатанном частном вагоне, направляясь на остров Джекил у побережья Джорджии для планирования банков Федеральной резервной системы, не были масонами. В официальных документах мало упоминаний об этом заговоре с целью подрыва Конституции. Даже полковник Мандел Хаус (ведущий масон, который был контролером президента Вильсона, подписавшего закон о Федеральной резервной системе) не упоминает об этом.

Как обычно, когда на карту поставлены жизненно важные интересы американского народа, жуликоватая пресса, такая как *New York Times*, не считает нужным информировать американский народ об этих подлых актах предательства. Почему 1913 год был важен? Потому что без Федеральных резервных банков масонство не смогло бы развязать Первую мировую войну! В этой войне и во Второй мировой войне заводы по производству боеприпасов, принадлежащие международным банкстерам (слово для банкиров и гангстеров), не были тронуты! Эластичная" валюта Федерального резервного банка обеспечивала торговлю оружием, поэтому можно быть уверенным, что ни одна из сторон конфликта не была бы настолько глупа, чтобы уничтожить активы банкиров, то есть их заводы по производству оружия и боеприпасов.

Мне кажется, что настоящие "интернационалисты" - это торговцы оружием из западных стран. Эти люди, работающие под руководством масонов, преследуют две цели: создание и продление войн и нарушение мира посредством международного терроризма. А затем использовать войны, которые, по их мнению, последуют за этим. Банки не знают государственных границ и не обязаны хранить верность ни одной стране. Их Бог - Люцифер.

Если есть возможность, возьмите экземпляр "*Arms and the Men*", небольшой книги, опубликованной журналом Fortune, и внимательно прочитайте ее. Тогда вы будете иметь четкое представление о том, кто стоит за международным терроризмом, и, возможно, что более важно, доказательство того, что масонство является демонической силой, действующей в современном мире, ответственной за Красные бригады (преемник масонской террористической группы La Roja - Красные) и многие сотни организованных террористических групп, действующих по всему миру!

Еще одним из величайших успехов и достижений масонства является использование искусственно вызванных наркотиков и стремительное распространение "торговли" ими во всем западном мире. Роль Китая (основного поставщика опия-сырца) в конфликте во Вьетнаме заключалась в том, чтобы пристрастить американские войска к опиуму, чтобы они забрали свою привычку с собой в Америку. В этом Китай преуспел. Статистика показывает, что 15% военнослужащих США во Вьетнаме пристрастились к героину! Короли наркоторговли - ведущие масоны.

Если вам трудно в это поверить, позвольте мне напомнить вам о величайших эксплуататорах опиума, которых когда-либо знал мир: британском правительстве. Официальная опиумная политика британского правительства в отношении Китая породила миллионы наркоманов, курящих опиум. Лорд Пальмерстон, масон 33 степени Шотландского обряда, был ответственен за эту коварную торговлю. Прибыль от этого сатанинского предприятия финансировала по крайней мере одну крупную войну против Христа - англо-бурскую войну (1899-1902).

Что случилось с принцессой Монако Грейс? Ее машина все еще находится под контролем в полицейском дворе в Монако. Никому не разрешается его осматривать. А почему бы и нет? Потому что Грейс была убита людьми из масонского ордена P2 (самой секретной ветви итальянского масонства), чтобы предупредить ее мужа не присваивать прибыль от его допинговых операций в Колумбии и Боливии!

Беззаконие Верховного суда США инспирировано масонами. Беззаконный Верховный суд подарил Америке аборт - вежливое слово для массового убийства по меньшей мере 50 миллионов невинных, беззащитных младенцев, не способных защитить себя! Да простит нас Всемогущий Бог за то, что мы позволили Люциферу убивать нерожденных.

Царь Ирод был гнусным детоубийцей, но аборты делают его святым по сравнению с ним. Неужели судьи, выступающие за аборты, греющие скамьи Верховного суда, лучше Ирода? Беззаконие Верховного суда, запретившего молитвы в наших школах, - еще один триумф масонства. Люцифер - воплощение беззакония, и контролируемый масонами Верховный суд США сегодня осуществляет свою беззаконную программу в Соединенных Штатах.

Я возвышусь над высотами облаков, буду подобен

Всевышнему (Исаия, глава II, стих 14)

Именно так поступил Верховный суд США. Она поставила себя выше двух величайших документов, когда-либо написанных, - Библии и Конституции США! Пока мы не исправим эту ужасную ситуацию, Соединенные Штаты будут продолжать дрейфовать вниз и в конце концов упадут, как спелая слива, в руки контролируемого Люцифером мирового заговора, который мы называем масонством. В книге Бытие, глава 3, стих 15, мы читаем, что Бог объявил войну Люциферу. Этот конфликт происходит прямо сейчас. Что мы делаем для этого?

Проводим ли мы время под наркозом, наслаждаясь спортивными зрелищами по телевидению, или мы делаем свою часть работы, чтобы предупредить наших соотечественников, что гибель этой великой нации неизбежна? Если мы не пробудимся от своего слепого оцепенения и не присоединимся к Божьей войне против Люцифера, мы не будем иметь большой ценности как воины Христа.

Иисус сказал, что Каин был первым земным преступником. Масонское движение чтит Каина своим паролем - Тубал-Каин. Масонство не может сосуществовать с христианством. Либо масонство восторжествует, либо христианство уничтожит его. Убийство Христа было самым незаконным деянием, когда-либо совершенным во вселенной, но масонство аплодирует этому. Один из его великих деятелей, Прудон, сказал:

> Бог - это трусость, безумие, тирания, зло. Тогда для меня, Люцифер, Сатана!

Коммунизм - это масонский заговор для продвижения царства Люцифера вопреки Божьему плану для Его народа на Земле. Когда мы осознаем эти вещи, многие части головоломки начнут складываться в единое целое.

То образование, которое мы получаем в наших школах и университетах, не позволит нам бороться с этим злом, потому что знания об этих вещах намеренно скрываются от нас нашими контролерами образования.

В наших университетах вы ничего не найдете о том, что Федеральный резервный банк является незаконной и частной структурой. Вы также не найдете ничего о тайном правительстве США, Комитете 300 и его Совете по международным отношениям, которые предают и отдают эту великую нацию в руки правительства одного мира - Нового мирового порядка. Это масонский план, часть их всеобщих усилий по полному уничтожению христианства и стиранию его с лица земли.

Это высший акт анархии. Помните, что Христос пришел, чтобы освободить нас от вавилонского закона, на котором основано масонство. Христос сказал, что сатана - преступник, потому что он пришел на Землю незаконно, то есть без тела. Именно поэтому Христос должен был родиться от женщины, чтобы законно находиться на Земле.

Только те, у кого есть тело, законно находятся на земле. Сатана вошел в этот мир через черный ход. (Христос говорил в притчах, что он перелез через стену). Из-за сатаны, которому поклоняются масоны, Соединенные Штаты попали в безвыходное положение. Возможно, вы - масон низших степеней, и вы говорите: "Я был масоном много лет, и ничего подобного в нашей ложе никогда не происходило.

Вам и таким, как вы, позвольте сказать: "Вы были обмануты. Подавляющее большинство масонов никогда не информируются о том, что происходит в 33 степени.

Как сказал Эккерт:

> Я говорил и повторяю, что многие масоны, даже в масонских степенях, не подозревают о скрытом значении символов, которые они используют для того, что преподается и практикуется в высших степенях.

Другой авторитет в области каменной кладки, Дом Бенуа, сказал:

> Реформированный обряд Палладия имеет своей основной практикой и целью поклонение Люциферу, он полон нечестия и всех прегрешений черной магии.
>
> Утвердившись в Соединенных Штатах, она вторглась в Европу и с каждым годом делает ужасающие успехи. Вся его церемония, как можно представить, наполнена хулой на Бога и на Господа нашего Иисуса Христа.

Нужно ли говорить больше?

ГЛАВА 9

РАНЕЕ ИГНОРИРУЕМЫЕ ФАКТЫ

Единственное, что мы не можем игнорировать в отношении масонства, это то, что оно является подрывным движением. Масонство означает многое для многих людей, но общей нитью, проходящей через всю историю масонства, является его постоянное свойство хранить тайну ради собственной безопасности. Все тайные общества носят подрывной характер, некоторые из них также являются оккультными и политическими, но эти факты скрыты от основной массы масонов, которые редко идут дальше четвертой степени.

Масонство - это организация, которая любит тайну и ненавидит тех, кто стремится разоблачить присущее ей зло. У него фетиш на секретность. Каменная кладка должна быть открытой. День открытых дверей был бы самоубийством для движения. Цель этой книги - пролить свет на масонство, которое настолько переплетено с иезуитами и черной знатью, что невозможно обсуждать масонство изолированно, не упоминая его соучастников.

Это станет очевидным по мере того, как я буду продолжать работу над своей книгой. Так называемое масонское кредо довольно хорошо описано Львом Толстым, который, хотя и не был масоном, дал ясное изложение, с оговоркой на слишком большую симпатию к масонству и некоторым его принципам.

Толстой рассказывает о "братстве" (краеугольном камне масонства, иллюминатов и коммунизма) следующее:

> Только кладя камень на камень, при сотрудничестве всех миллионов поколений, от нашего прародителя Адама до наших дней, будет воздвигнут Храм, который станет достойным местом обитания великого Бога.

Он не говорит нам, что буква "G", символ масонства, представляет гностицизм, а не Бога. Далее Толстой продолжает:

> Первая и главная цель нашего Ордена, фундамент, на котором он покоится и который не может разрушить никакая человеческая сила, - это сохранение и передача из древнейших веков, от самого первого человека, тайны, от которой может зависеть судьба человечества. Но поскольку эта тайна имеет такую природу, что никто не может познать ее или использовать, не будучи подготовленным к ней долгим и усердным самоочищением, не каждый может надеяться достичь ее быстро, отсюда вытекает вторичная цель: подготовить наших членов, насколько это возможно, к исправлению их сердец, очищению и просвещению их разума средствами, переданными нам традицией.

Именно это является целью Иллюминатов и многих других тайных обществ, таких как Розикруцианцы и Иезуиты. Черная аристократия считает, что они каким-то образом были наделены особыми знаниями и избраны править "с древности".

Именно так можно увидеть общие знаменатели между масонством и другими оккультными тайными обществами, которыми сегодня так сильно заражен мир. То, что масонство - это сплошная темная ложь, можно понять из слов Христа, который сказал

> ...что люди любят тьму (тайные места), а не свет, потому что действия их злы.

Именно представление о давней и принципиально важной традиции придает масонству мотивацию. Все тайные ордена, даже египетское жречество, держались вместе и наделялись силой и властью, исходя из того, что они знали тайные вещи, которых не знали обычные люди. Опять Толстой:

> Третья цель - возрождение человечества.

Это семь ступеней храма Соломона. Сейчас я упомяну, что Соломон был, вероятно, величайшим магом, который когда-либо жил. В наше время молодой цыган, родившийся и живущий в США, назвавшийся Дэвидом Копперфильдом, прославился как великий фокусник. Цыгане издавна известны как мастера фокусов, и Копперфильд достиг больших высот, прежде чем его карьера рухнула из-за ареста за изнасилование. Поскольку я верю, как утверждает и Ветхий Завет, что христианство не покоится на фундаменте магии, я склонен сбрасывать со счетов мудрость Соломона как мало влияющую на учение Христа. Мое личное мнение заключается в том, что христианство не зависит полностью от Ветхого Завета. Христианство действительно началось с Галилейского Христа.

Христос не был из Иерусалима, Соломона или рода Давидова. Поэтому христиане должны отвергнуть как пропагандистскую идею о том, что масонство основано на христианстве, потому что оно так много говорит о Соломоне.

Если мы изучим этот момент, то будем лучше понимать как масонство, так и христианство. Мое личное мнение заключается в том, что Христос изначально ограничил свое служение Галилеей, но последователи убедили его предпринять миссионерский крестовый поход в Иерусалим. Вскоре после его миссионерского путешествия в этот город синедрион приговорил его к распятию. Я считаю, что фокусы Соломона имеют отношение к христианству не больше, чем масонство. Интересно, многие ли из нас когда-либо задумывались о тесной связи между масонами и храмами?

Семь ступеней храма Соломона предположительно означают :

❖ Дискретность
❖ Послушание
❖ Мораль
❖ Любовь к человечеству
❖ Мужество
❖ Щедрость
❖ Любовь
❖ Смерти

Еще раз обращаю ваше внимание на увеличение количества сцен похорон почти во всех голливудских и телевизионных фильмах за последние 20 лет. Я бы отметил, что цель состоит в том, чтобы привить всем нам беззаботное отношение к смерти, что прямо противоречит учению Христа, который сказал, что смерть - это последний враг, которого нужно победить. Когда мы начинаем воспринимать смерть как пустяк, цивилизация рискует скатиться к варварству.

По мере того как мы привыкаем воспринимать смерть как нечто обыденное, наша чувствительность (надеюсь) будет притупляться - нормальный осознанный ужас перед массовыми убийствами в конце концов уступит место чувству безрассудства. Я утверждаю, что нам всем постоянно промывают мозги. Помните об этом, когда в следующий раз будете смотреть фильм, в котором есть почти обязательная сцена погребения на могиле. Намерение состоит в том, чтобы породить неуважение к индивидуальности каждого из нас. Мы - не масса людей, мы - индивидуумы.

Легкое принятие смерти противоречит учению Христа и соответствует доктринам масонов, а также доктринам многих других тайных обществ, характер и цели которых явно сатанинские. Фрэнк Кинг, автор замечательной книги о масоне Калиостро, который, как говорят, "открыл" египетский обряд масонства, утверждает, что церемония посвящения, которой подвергся Калиостро, "была очень похожа на ту, что проводится в масонских ложах сегодня". Он включает в себя несколько безобидных, но недостойных сцен, которые должны были произвести впечатление на кандидата.

Посвящаемого поднимают к потолку и оставляют висеть, что означает его беспомощность без божественной помощи. Его закалывают кинжалом, лезвие которого проваливается в рукоятку, чтобы подчеркнуть судьбу, которая постигнет его, если он когда-либо выдаст секреты Ордена. Он должен был встать на колени, раздевшись донага, чтобы показать свою покорность Мастеру Ложи. Калиостро, великий маг, посетив Лондон, наткнулся на книгу о египетском обряде. Книга написана Джорджем Гастоном. Это так впечатлило Калиостро, что он начал пропагандировать его, называя "Египетским обрядом масонства" и утверждая, что это его собственный обряд. Калиостро утверждал, что Египетский обряд был более торжественным и древним, чем обычное масонство. Он представил свое "открытие" как "Высший Орден Масонства", открытый только для масонов 25 степени и выше. Как и автор оригинала, Гастон, Калиостро утверждал, что основателями Египетского обряда были Илия и Енох, и что, подобно им, члены масонского ордена Египетского обряда никогда не умирают, но "переносятся" после смерти, каждый раз возрождаясь из пепла, чтобы прожить двенадцать жизней.

Можно не сомневаться, что "очищенные" масоны находили перспективу не умирать и быть наделенными двенадцатью жизнями весьма приятной, так что было немало обращенных в Новый, или, лучше сказать, Древний, Орден Калиостро, в частности фельдмаршал фон дер Реке и графиня фон дер Реке из Черного дворянства, чьи семьи можно проследить до венецианских Черных Гельфов. Необыкновенный Калиостро, мастер магии и "Соломон" своего времени, был принят в Ложу Надежды масонов Кингс Хед в Лондоне в 1776 году. После 14 месяцев пребывания в Лондоне он отправился продвигать свой "новый" обряд в Рим под носом у своих врагов-католиков и вскоре был арестован Папой. Если бы мы больше ничего не знали о масонстве, уже было бы ясно, что масонство является прямым потомком орфических и пифагорейских культов, и не имеет ничего общего с христианством, и еще меньше - с поклонением Богу, о чем, как я уже сказал, масонство нам не говорит, гордо заявляя, что буква "G" представляет Бога. Если бы масонство было основано на христианстве, оно не ненавидело бы католическую церковь с такой яростью и жестокостью.

ГЛАВА 10

КАТОЛИЧЕСКАЯ ЦЕРКОВЬ: ЗАКЛЯТЫЙ ВРАГ МАСОНСТВА

С первых дней своей истории католическая церковь осуждала масонство как зло по своей сути. С другой стороны, протестантская церковь, особенно ее англиканская ветвь, не только открыто терпит масонство, но в ряде случаев некоторые члены иерархии англиканской церкви занимают высокие посты в масонстве. Известно много случаев, когда англиканские священники контролируют самые тайные и важные ложи, включая ложу Quator Coronati в Лондоне и печально известную ложу "Девять сестер"[4] в 15 округе Парижа. Масонство презрительно заявило, что не боится протестантизма, считая его незаконнорожденным отпрыском католицизма, своим смертельным и грозным врагом.

Протестантская церковь не может эффективно противостоять распространению масонства. Масонство учит как факту, что масонство является единственной жизнеспособной альтернативой католицизму, который Мадзини (ведущий масон, сыгравший решающую роль в развязывании американской гражданской войны) осуждал с величайшей жестокостью. Совершенно

---

[4] Знаменитая ложа "Девять сестер", к которой, как говорят, принадлежал Бенджамин Франклин.

точно можно сказать, что масонство просто игнорирует протестантскую церковь.

Один масон 33 степени сказал мне:

> Сегодня мы являемся первой религией в мире. Мы старше и мудрее католической церкви, поэтому она нас так ненавидит. Человек, который присоединяется к нам, чувствует, что он является членом фундаментальной религии тайного общества, хранителем древнейших тайн сил жизни и Вселенной. У нас нет такой проблемы, как у организованной религии, которая заключается в том, чтобы внушить своим последователям глубокое чувство цели, которое мы внушаем нашим членам. Посмотрите на католиков в Африке и Южной Америке. Могли бы вы сказать, что они проникнуты глубоким чувством цели, принадлежности?

Конечно, мой друг-масон не потрудился объяснить мне, что масонство основано на обмане, его истинная цель - поклонение Люциферу. Продолжая свои пропагандистские усилия по отношению ко мне (на самом деле он предлагал мне членство в своей Ложе), он сказал:

> Адепт, которого мы принимаем, появляется с ощущением упорядоченной вселенной, где его или ее собственные задачи и цели неожиданно четко определены. За ним стоит традиция, восходящая к Адаму. Понятие о братстве людей дает ему новое чувство принадлежности к человеческому роду. Более того, в мире полно доброжелательных братьев-масонов, которые его не подведут. Это, конечно, важная достопримечательность, которую христианская церковь полностью упускает. До тех пор, пока христианская церковь не научится

заботиться о людях, друг о друге, в практическом, повседневном смысле, христианство будет продолжать увядать.

Несомненно, в каждом из нас есть сильное желание удовлетворить свои физические потребности. Безопасность превыше всего, и мой масонский друг, безусловно, прав. В то время как Билли Грэм и его коллеги-"телеевангелисты", очевидно, очень хорошо заботятся о своих собственных нуждах, об основных членах их служений на практическом уровне не заботятся вообще. Среди христиан наблюдается полное отсутствие братской любви и заботы о других. Никто не может отрицать существование такого вопиющего дефекта и серьезность проблемы. В этом мы могли бы вдохновиться масонством, которое хорошо заботится о своих членах. Какими бы ни были кровосмесительные отношения между масонством, черной знатью и иезуитами, их общим желанием и целью является свержение существующего порядка и уничтожение христианства. Будь мы католиками или протестантами, наш долг - всеми силами противостоять их цели. Все великие заговоры скреплены и связаны друг с другом, приводимые в действие мощными идеологическими мотивами - в случае с масонством, общей ненавистью к христианству. Мы можем включить в их "список ненависти" ненависть к истинным республиканским идеалам и национальным государствам.

Что объединяет заговорщиков, кроме вышеперечисленного? Ответ заключается в том, что их на сто процентов поддерживают огромные богатства "старых семей" и даже, по глупости, некоторые королевские особы. В Америке их полностью поддерживает CFR, потомок Эссекского хунто, одного из заговорщиков, развязавших Гражданскую войну и едва не разваливших Союз с помощью богатейших семей Бостона. Потомки самых старых и уважаемых семей Бостона продолжают дело Эссекского хунто, пытаясь развалить Соединенные Штаты - и их поддерживают одни из самых богатых банковских династий мира.

У этой банды предателей есть союзник в Ватикане, некая Кларисса МакНейр, которая вела антиамериканскую пропаганду на радио Ватикана. Ее защищали несколько видных масонов, поэтому ей удалось пережить гнев Папы.

Дестабилизация Польши, подготовившая почву для запланированного вторжения, была осуществлена масоном Збигневом Бжезинским, получившим иезуитское образование, который "создал" фальшивый профсоюз "Солидарность"[5] исключительно для дестабилизации правительства генерала Ярузельского. Папа объяснил, что он, Лех Валенса, был лишь инструментом в руках более крупных сил. После их встречи Валенса исчез с политической сцены. За одним или двумя исключениями, большинство пап являются врагами масонства и последовательно выступают против иезуитов. Папа Иоанн Павел II вызвал недоумение в иезуитских кругах, назначив главой ордена антииезуита Паолу Децци. "Я наведу порядок в Ордене", - сказал Папа.

Приведенные выше случаи, Польша и противостояние иезуитам, являются лишь двумя из многих примеров, когда папы были вовлечены в борьбу с масонством.

---

[5] Солидарность на польском языке.

Мало кто знает о дипломатических усилиях Папы Иоанна Павла II - например, о его неоднократных предупреждениях Америке отказаться от слепого произраильского подхода к политике на Ближнем Востоке, который, по словам Папы, приведет к третьей мировой войне.

Польша - не единственный случай преднамеренной измены в западном правительстве со времен Второй мировой войны. Я вспоминаю, что именно некий Клугман внедрил предателей, британских агентов МИ-6 по имени Берджесс, Маклин и Филби, в КГБ. Филби, масон на всю жизнь, получил работу в СИС (Специальной разведывательной службе) благодаря сэру Стюарту Мензису, масону шотландского обряда и бывшему директору СИС. Энтони Блант, хранитель лебедя королевы и выдающийся шпион, начал свою карьеру как предатель, вступив в ряды масонов.

На протяжении всей своей карьеры Блант находился под защитой людей, занимавших высокие посты в СИС, коллег-масонов, которые, как и он, были преданы делу масонства. В СИС полно масонских кротов из КГБ. Другим скандальным фактом является то, что Скотланд-Ярд сверху донизу управляется масонами Шотландского обряда. В каменной кладке используются тонкие методы контроля. В начале своей истории это было не всегда так. Она была более склонна к использованию грубой силы для достижения своих целей, чем сегодня. Поистине замечательным примером того, о чем я говорю, является Калиостро, о котором я упоминал ранее. Калиостро был обвинен в краже, когда сицилийский маркиз, 33 масон, прервал судебный процесс, набросившись на обвинителя и повалив его на землю. Обвинения против Калиостро были быстро сняты. Этот рассказ был подтвержден масонским авторитетом У.Р.Х. Таубриджем и Гете. Сегодня иезуиты Черного дворянства-масоны не используют прямую силу, разве что для того, чтобы преподать предупредительный урок заблудшим членам, как мы видим на примере ритуального повешения Роберто Кальви и смерти Грейс Келли. Кальви был директором банка "Амброзиано", виновным в потере нескольких миллионов денег каменщиков. Он бежал в Англию, чтобы найти защиту у своих друзей, но оказался в роковой ловушке. Он был повешен масонами в соответствии с их ритуалом. Когда появляется возможность, масоны не уклоняются от насилия. Кровавые клятвы, которые даются на каждой степени, жестоки и отталкивающи.

Автор Джон Робинсон говорит в своей книге *"Рожденные в крови"*:

> ... Вырвать язык, вырвать сердце из груди, разрезать тело на две части с внутренностями, превращенными в пепел, - это, кажется, перебор, в буквальном смысле слова, и противоречит закону любой страны, где действуют масоны, а также всем религиям, которые масоны приветствуют в братстве".

Джон Куинси Адамс, который был шестым президентом Соединенных Штатов, был особенно и яростно настроен против масонства.

Как говорит Робинсон в своей книге :

> Адамс никогда не упускал возможности осудить масонство. Он призвал всех масонов отказаться от ордена и помочь упразднить его раз и навсегда,

поскольку он совершенно несовместим с христианской демократией. Он написал столько писем против масонства, что ими можно было бы заполнить целую книгу. В письме своему другу Эдварду Ингерсоллу от 22 сентября 1831 года экс-президент кратко изложил свое отношение к масонским клятвам и их влиянию на братство.

Историки и исследователи масонства и Конституции США не согласны с тем, что утверждения о том, что масонство пустило корни среди отцов-основателей, прочно укоренились в молодой Республике. Окончательный вариант Конституции был написан многими блестящими умами, но было доказано, что масоны были ответственны за большую ее часть.

Томас Джефферсон, чья проза составляет большую часть документа, тем не менее, был категорически против масонства. Другими основными авторами были Джордж Вашингтон, Бенджамин Франклин и Джон Адамс. Хотя Адамс не был масоном, он согласился бы с Вашингтоном и Франклином. Джефферсон остается интервентом. Но, как и в случае с Калиостро, масонство всегда заботится о себе.

"Чудесный побег" из швейцарской тюрьмы строгого режима итальянского масона P2 Лючио Джелли является свидетельством этого, а также необычайной силы масонов. Гелли живет в Испании, его не беспокоит ни швейцарская полиция, ни Интерпол, остаток Рейнхарта Гейдриха. Странность Джелли в том, что на протяжении всей Второй мировой войны он тесно сотрудничал с Муссолини, несмотря на то, что последний был противником масонства.

Возможно, это связано с тем, что в возрасте 17 лет Джелли записался добровольцем в экспедиционный корпус, сформированный Муссолини и отправленный на борьбу с коммунистами в Испании.

Позже он поступил на службу в ЦРУ. В марте 1981 года полиция провела рейд в резиденции Джелли и обнаружила многочисленные документы, свидетельствующие о том, что он работал с Роберто Кальви из так называемого "Банка Ватикана", то есть с мафией. Кардинал Казароли позже заявил, что банк Ватикана был ограблен на миллионы долларов.

ГЛАВА 11

МАСОНСКИЕ СВЯЗИ ИНТЕРПОЛА

Я задавался вопросом, почему западные страны используют Интерпол, бывший нацистский аппарат, осуждая при этом Германию за защиту во Второй мировой войне, пока не узнал, что Интерпол - это масонская шпионская сеть, удел масонов, иезуитов и черной знати. Дэвид Рокфеллер широко использует Интерпол, который он буквально выкупил у Германии в послевоенные годы, для мониторинга американских правых групп, которые могут представлять угрозу для Совета по международным отношениям (CFR).

История, которую я изучал, и которую вы не найдете в обычных учебниках истории, показывает, что Шотландский Обряд всегда был и остается во главе многих тайных обществ, которыми кишит мир. Шотландский обряд масонства зародился как культ Мобедов, которых иногда называют волхвами. Симон Маг был членом племени мобедов. Именно Симон Магус возвел культ гностицизма в антихристианскую силу, которую он затем перенес в Рим, чтобы противостоять деятельности святого Петра и Филона Александрийского.

Именно из гностицизма родилась ненависть к христианству, нации, государствам и республиканским идеалам, которая в конечном итоге переросла в доктрину всех тайных обществ, известную нам как масонство. В основе масонства лежит Шотландский обряд, в котором Люциферу воздают почести и поклоняются в высших степенях. Британская аристократия навязала его Америке с катастрофическими последствиями для молодой республики. Британией управляет беззаконный Шотландский обряд, наследник оккультистско-темпларовских культов Братства прерафаэлитов и "Изиды и Озириса" Джона Раскина. Розикрусианцы - творение иезуитов Роберта Фладда и Томаса Хоббса, секретаря агента секретной службы Бэкона, заложившего основополагающие принципы Шотландского обряда.

Создание Шотландского обряда масонства курировал сэр Уильям Петти, дед знаменитого графа Шелбурна, организатора кровавой революции, возглавляемой швейцарской олигархией и контролируемой Лондоном, которую мы знаем как Французскую революцию. Иезуит посадил Роберта Брюса на трон Шотландии и назначил его главой Шотландского обряда. Сесилы, которые доминируют в руководстве Англии со времен королевы Елизаветы I, являются частью заговора. Сесилы имеют прямое отношение к венецианскому дому черной знати Гельфа. Для получения полной информации о Сесилах, пожалуйста, возьмите мою монографию "*King Makers, King Breakers: The Cecils*".

Тайная история республиканской Америки наполнена именами печально известных предателей, которые были членами Шотландского обряда и выступали против молодой Республики. Альберт Галлатин, швейцарский шпион из черной знати, Альберт Пайк, дегенеративный и беспутный американец, и Энтони Мерри, новый британский посол, направленный в США в 1804 году масоном шотландского обряда, премьер-министром Англии Уильямом Питтом, сговорились с Тимоти Пикерингом, сенатором Джеймсом Хиллхаусом и Уильямом Пламмером, чтобы Нью-Гэмпшир вышел из состава Союза. Мерри выдавал себя за неопытного дипломата, но на самом деле был высокопоставленным масонским агентом, также участвовавшим в подобных сепаратистских заговорах в Нью-Джерси, Пенсильвании и Нью-Йорке.

Уильям Юстас был кандидатом, которого Шотландский обряд выдвинул, чтобы победить Джона Куинси Адамса в борьбе за место в Конгрессе. Масоны не скрывали своего соучастия в победе Юстаса над Адамсом. За несколько лет до этого другой масон, Гренвилл, протолкнул Закон о гербовом сборе.

Британский парламент, контролируемый масонами, активировал Статут Генриха VIII, который позволял англичанам привозить в Англию любого жителя американской колонии, который был полон решимости освободить молодую страну от ига короля Георга III, даже если для этого придется вступить в войну.

Материнская ложа Шотландского обряда, основанная в Чарльстоне, Южная Каролина, ненавистной олигархией врагов молодой Республики, имела в качестве одного из своих главных посланников некоего Мозеса Хейса, торийского бизнесмена, который путешествовал между всеми штатами, разнося инструкции и послания Шотландского обряда. Хейс отказался принять присягу на верность, когда началась война. Очень влиятельный Первый национальный банк

Бостона был основан Хейсом, Артуром Хейсом Сульцбергером и Джоном Лоуэллом под названием "Банк Массачусетса". Сульцбергеры стали номинальными, но не реальными владельцами *"Нью-Йорк Таймс"*. Длинный и гнусный послужной список антиамериканизма *"Нью-Йорк Таймс"* слишком хорошо известен, чтобы останавливаться на нем здесь.

Активная и серьезная измена, запланированная Шотландским Обрядом, началась в Америке с патента, выданного Августину Прево, члену черной швейцарской знати, который был врагом Республики и носил масонский титул "Принц Королевской Тайны". На протяжении всей нашей истории черная швейцарская и венецианская знать разыгрывала нас, делая все возможное, чтобы подорвать и уничтожить молодую нацию, в которой они видели угрозу старому европейскому порядку. Ломбардскому роду, избитому и почти уничтоженному в 14 веке, помогли вновь подняться "доброжелательные масоны", в частности масон Черного дворянства, граф Витербос из Венеции.

Семьи Витербо и Ломбардов возродили мощь и престиж Венеции, а банковская династия Ломбардов на протяжении сотен лет продолжала борьбу с республиканской Америкой. Витербо возродили Венецию, завоевав Османскую империю, которая затем была разделена между ними и их друзьями семьи. Черная венецианская дворянская семья Лонедон организовала "обращение" Игнатия Лойолы, который внезапно раскаялся и основал орден иезуитов. Иезуиты были и остаются организацией по сбору развеланных масонства, черной знати, семей Паллавичини, Контарини, Луккатто и либерального истеблишмента восточного побережья Америки. Именно иезуиты написали пастырское письмо католического епископа, осуждающее наши силы ядерного сдерживания как часть 300-летней войны масонства против католической церкви и США.

Одним из ведущих воинов масонства был Вернон Уолтерс, смутьян президента Рейгана и посол в ООН. Уолтерс был видным членом масонской ложи Italian P2. Интересно, спрашивал ли президент Рейган когда-нибудь Уолтерса о его роли от имени P2 в движении наксалитов (1960 - 1970)? Не менее интригующим, чем Уолтерс, был Уильям Салливан, сыгравший определенную роль в свержении президента Филиппин Маркоса. Именно Салливан попросил Конгресс не делать просроченных платежей правительству Филиппин за аренду аэродромов Кларк и Субик-Бей.

Отмечу, что Салливан не просил Конгресс приостановить выплаты Кубе за военно-морскую базу в Гуантанамо и не протестовал против потока наркотиков с Кубы. Салливан не упомянул крупнейший в Западном полушарии лагерь подготовки террористов, расположенный в то время на Кубе, объект, который по масштабам превосходит тренировочные лагеря в Ливии и Сирии.

И Уолтерс, и Салливан находились под контролем сверхсекретного масонского ордена "Орден Сиона", который принимает важнейшие решения от имени членов Верховного совета Шотландского обряда, действующего при различных правительствах. На протяжении всей нашей тайной истории злая сила масонов-иезуитов доминировала в нашем аппарате принятия решений, и это, безусловно, так же верно сегодня, как это было во время Американской революции и Гражданской войны.

Рейган был полностью под влиянием масонства, действуя по приказу CFR. Существует ряд очень важных книг о Шотландском Обряде, многие из которых являются хорошими источниками информации:

На вершине моего списка - *"История Верховного совета членов 33 градуса, масонской юрисдикции северной части Соединенных Штатов и ее предпосылки"* Сэмюэля Харрисона Байнарда; *"История Верховного совета, южной юрисдикции, 1801-1861"* и *"Одиннадцать джентльменов из Чарльстона: основатели Верховного совета, Материнского совета мира"*, обе написанные Рэем Бейкером и изданные Верховным советом 33 градуса Древнего и принятого Шотландского обряда за свой счет.

Бейкер был признанным историком Шотландского обряда в Америке, и, по его словам, Шотландский обряд был создан еврейскими купцами и еврейскими религиозными лидерами, которые привезли патент из Франции в 1760 году, после чего он был применен в Чарльстоне и Филадельфии. Однако, по мнению других историков, евреям не разрешалось становиться членами Шотландского обряда. Мне очень трудно в это поверить, и я считаю это дымовой завесой вокруг вопроса о том, кто на самом деле основал Шотландский Обряд в Соединенных Штатах. Царь Соломон занимает видное место в масонских ритуалах, и я знаю, что он был иудейской веры, а также одним из их великих магов. Мы также знаем, что многие масонские ритуалы основаны на еврейских магических обрядах, которые практиковал Соломон.

ГЛАВА 12

ИСТОРИК ИОСИФ О КАМЕННОЙ КЛАДКЕ

Известный историк Иосиф утверждает, что книга заклинаний и заклинаний, используемых в масонских обрядах, была написана царем Соломоном. Книга *"Ключ Соломона"*, которая, по словам Иосифа, была написана Соломоном, также широко используется в масонстве. Какой бы ни была связь между Шотландским обрядом и иудаизмом, мы знаем, что некоторые члены британской олигархии приняли его.

Одним из главных участников масонства в США был уже упоминавшийся нами Августин Прево, чьи солдаты разграбили Южную Каролину во время американской войны за независимость. Прево был Великим магистром Ложи Совершенства, основанной Франкеном, одним из еврейских купцов, о которых я упоминал ранее.

Именно Франкен передал патент Шотландского обряда Августину Прево, который затем приказал своему коллеге, офицеру-масону британской армии, основать ложу в Чарльстоне. Один из родственников Августина Превоста, полковник Маркус Превост, отвечал за вербовку "лоялистов короны" для борьбы с колонистами.

Среди "лоялистов" были многие представители либерального истеблишмента Восточного побережья, включая предателя Макджорджа Банди, одного из самых активных сторонников европейской олигархии и королевской власти, которых мы имеем сегодня на политической сцене, человека, чья лояльность Соединенным Штатам весьма сомнительна. Швейцарские Прево, возможно, не очень известны, потому что в наших учебниках истории о них мало написано.

Другой Превост, сэр Джордж Превост, был тесно связан с Альбертом Галлатином, шпионом швейцарских масонов, посланным разрушить Америку изнутри. Сэр Джордж командовал британскими силами вторжения, которые в 1812 году разграбили Вашингтон и сожгли Белый дом. Несомненно, голубая кровь в Бостоне не любит напоминаний о британских проступках, которые могут испортить "особые отношения", если о них узнает слишком много американцев.

Материнская ложа мира в Чарльстоне распространила патент Шотландского обряда на Францию в 1804 году, Италию в 1805 году, Испанию в 1809 году и Бельгию в 1817 году. Одним из "одиннадцати джентльменов Чарльстона" был Фредерик Далчо, который занимал должность в епископальной церкви этого города и был лидером "английской партии" в Южной Каролине. Со времен Далчо мало что изменилось: американская ветвь Церкви Англии изобилует масонами шотландского обряда.

Ранее я уже упоминал утверждение, что евреи не принимаются в Шотландский обряд. Заметным еврейским членом Шотландского обряда был Джон Джейкоб Астор, который начал свою масонскую карьеру в Нью-Йорке, занимая должность казначея Великой ложи Нью-Йорка. Именно Астор дал предателю Аарону Берру, масону 33 степени,

$42,000. С помощью этих денег Берр смог скрыться после убийства Александра Гамильтона с помощью высокопоставленного еврейского масона Джона Слайделла из Нью-Йорка.

Слайделл поселился в Чарльстоне и Новом Орлеане, где перенял манеры южного джентльмена. Он был тесно связан с Аароном Бурром. Эти два человека задумали захватить Луизиану с помощью иезуитов в Новом Орлеане, но заговор провалился, когда его раскрыли патриоты, верные Соединенным Штатам. Во время своей вероломной попытки расчленить Союз Слайделл занимал важный пост в правительстве. Его поддержала целая группа коллег-масонов. В его время в правительстве США были сотни масонов. Сомнительно, чтобы Вернон Уолтерс и Джордж Шаллотс сочли свою масонскую клятву совместимой с клятвой верности Соединенным Штатам. Как сказал Христос: "Никто не может служить двум господам".

Для тех из вас, кто верит в йогу, интересно отметить, что масонство пропагандирует ее как метод замедления и остановки потока мыслей. Масонство не любит, когда люди думают. Эта информация была передана сатанисту Аластеру Кроули его протеже Аланом Бенуа, который получил ее от известного масонского историка Экенштейна.

Масонские ритуалы ниже четвертой степени свободно

опираются на учение йоги, но в рамках Верховного совета масонства йога не преподается и не соблюдается никоим образом. У Высших советов есть несколько секретов, представляющих реальный интерес для обычного мира. Известно, что Мадзини и Пайк общались по беспроводному телеграфу задолго до того, как Маркони "изобрел" его. Еще один удивительный секрет, которым владеют избранные члены Верховного совета, - это способ изготовления серебра и превращения его в золото.

Эта формула была продемонстрирована лорду Пальмерстону (отцу английского премьер-министра) и лорду Онслоу, масону 33 степени, англичанином по фамилии Прайс. Прайс утверждал, что получил секретную формулу "от духов". Он доказал свое утверждение, расплавив ртуть с белым порошком на сильном огне.

Смесь была проверена экспертами и оказалась чистым серебром. Затем серебро расплавили на пламени и добавили красноватый порошок. Было отлито несколько слитков. Эксперты по серебру и золоту, присутствовавшие все время, внимательно изучили новый продукт и, опробовав его на месте, заявили, что это чистое золото. Тайна остается глубоко скрытой избранным должностным лицом Верховного совета Шотландского обряда. Что касается Прайса, говорят, что он "покончил жизнь самоубийством, выпив цианид".

Действительно ли это было самоубийство или отравление? Совершил ли Прайс роковую ошибку, доказывая свои претензии лорду Пальмерстону, что кажется весьма вероятным? Смерть Прайса не должна быть неожиданностью, поскольку последователи масонства всегда были скорее разрушителями, чем созидателями.

Об этом свидетельствует американская сталелитейная промышленность. Граф Гвидо Колонна - не самое известное имя в Америке. Из сотен тысяч безработных сталелитейщиков мало кто слышал о нем. Этот Колонна - масон из черной знати, который вступил в сговор с членом французской черной знати, графом Давиньоном, чтобы уничтожить американскую сталелитейную промышленность. Об успехе этого заговора можно судить по ржавым, молчаливым сталелитейным заводам, которыми усеяны северные штаты. Кто отдал приказ приступить к реализации плана сноса?

Ответ - Гельфы, более известные как Дом Виндзоров. Гельфы - краеугольный камень олигархии во всем мире.

Если мы серьезно намерены остановить разрушение нашей промышленности, мы должны начать с самого верха, с Гельфов, особенно английских Гельфов, которые действуют через Шотландский обряд масонства. Уникальное значение этой старой семьи совершенно упускается из виду в исследованиях на тему "что не так с американской экономикой".

Виндзоры правят Великобританией и Канадой, которые являются не более чем их личными вотчинами. Сила Виндзоров заключается в их контроле над мировым сырьем и впечатляющей способности лишать страны этого сырья. Если вы проведете небольшое исследование, то обнаружите, что в Канаде так поступают с древесиной, нефтью и мехами.

В Южной Африке это золото и алмазы через воровскую компанию Oppenheimer Anglo American; в Зимбабве (бывшая Родезия) - хромовая руда (самая чистая в мире) через компанию Lonrho, принадлежащую двоюродному брату Елизаветы, королевы Англии; а в Боливии - олово через компанию Rio Tinto. (Более подробную информацию см. в статье *"Комитет 300"*).

Виндзоров (Гельфов) не волнует, кому принадлежит политическая власть в той или иной стране. За исключением России, все должностные лица для них одинаковы. Они по-прежнему сохраняют контроль над природными ресурсами большинства стран. Принц Филипп возглавляет деятельность различных "экологических" групп, которые являются тонко замаскированными инструментами для того, чтобы не допустить "иностранцев" к сырьевым запасам Виндзора. Этот "защитник природы", председатель Всемирного фонда дикой природы, не стесняется застрелить 1000 фазанов за выходные!

Благодаря Hambros Group доходы Windsor исчисляются миллиардами долларов. Группа Хамброс поддерживает свои сильные позиции через сеть масонских биржевых брокеров. Другие компании, управляемые масонами, включают: Shearson, Amex, Bear Stearns и Goldman Sachs, все под зонтиком Hambros Group, которая в конечном итоге контролируется Виндзорскими Гельфами из венецианской черной знати.

Гельфы были связаны с масонством на протяжении сотен лет. Их связи с Англией начались с венецианской династии Корсо Донати в 1293 году.

ГЛАВА 13

ГРАЖДАНСКАЯ ВОЙНА В АМЕРИКЕ БЫЛА ДЕЛОМ РУК МАСОНСТВА

От начала до конца ужасная американская Гражданская война была делом рук масонства. Рассказ масонов об этом не фигурирует ни в одном из наших учебников истории по понятным причинам. Англофильские семьи, которые не присоединились к колонистам в войне против Британии, поселились в Новой Шотландии, откуда помогали англичанам на протяжении всей Американской революции. Позже они вернулись в Соединенные Штаты и продолжили традицию помощи британскому масонскому заговору против республиканской Америки, кульминацией которого стала Гражданская война.

В этой жестокой катастрофе Америка потеряла 500 000 человек - больше, чем наши потери в двух мировых войнах вместе взятых. Гражданская война была британско-европейским олигархическим масонским заговором с целью разделить страну на враждующие штаты, а затем вернуть то, что они потеряли в ходе Американской революции. В этом им помогала целая плеяда "американских" предателей. Гнусный либеральный истеблишмент мог бы добиться успеха, и Соединенные Штаты не существовали бы сегодня без замечательной работы американских патриотов Клея и Кери.

Мы должны извлечь этот урок из истории, даже если он не фигурирует в работах историка Чарльза Бирда. Масонство никогда не сдавалось после проигрыша в войне против колонистов. Все встало на свои места в 1812 году, после длительного периода, в течение которого британский флот захватывал американские корабли и заключал в тюрьму тысячи американских моряков. Киссинджеры того времени говорили, что Америка ничего не может с этим поделать, и они были правы. Смертельный враг швейцарского масонства, Албайт Галлатин, сократил наш оборонный бюджет, оставив нас без настоящего военного флота. Потерпев два поражения от молодой республики менее чем за 150 лет, британцы снова ополчились на США, продав СССР свои центробежные реактивные двигатели Derwent для установки на истребители MIG 15, которые использовались для бомбардировки и обстрела американских войск в Корее. Без двигателя Derwent Советам потребовалось бы не менее пятнадцати лет, чтобы создать реактивный истребитель.

Как сегодня есть те из нас, кто с глубоким подозрением относится к "особым отношениям" между Соединенными Штатами и Великобританией, видя, что они сделали с нашей страной, так и во времена Эссекского Хунто были патриоты, которые видели заговоры и схемы британского масонства. Они пытались разоблачить предательство Калеба Кушинга и Джона Слайделла.

Они предостерегали против экономической политики "свободной торговли" того времени, той самой, которую мы позволили Милтону Фридману продать "консервативной" администрации Рейгана.

Свободная торговля - это заговор, придуманный британскими масонами для уничтожения нашей экономики. Пришло время приоткрыть завесу над историей коварной венецианской черной знати, связанной с шотландскими обрядами, таких как пираты Сэм и Джордж Кэбот и Пикеринги, которые сделали свои состояния на двойном несчастье опиумной и работорговой торговли.

Предки Макджорджа Банди были работорговцами. Именно масон Джон Джейкоб Астор позволил Пикерингам влезть в чрезвычайно прибыльную торговлю опиумом в Китае. Необходимо рассказать правду о целом гнезде гадюк, свитом в Британской Ост-Индской компании, Лоринге, Адаме Смите и Дэвиде Хьюме. Именно Лоринг украл пайки американцев, взятых в плен британцами во время Американской революции, которые он затем продал британской армии с огромной прибылью, оставив американских пленников голодать на ужасных тюремных кораблях.

Когда я впервые прочитал книгу Мэтью Кэри *"Оливковая ветвь"*, я не мог поверить в то, что читал. Но с годами я обнаружил, что все, что говорила Кери, было правдой.

Еще одна книга, которую я рекомендую, - *"Знаменитые семьи Массачусетса"*. Эти знаменитые семьи включают потомков Лорингов, Пикерингов и Кэботов, потомков масонской сети, изначально созданной в этой стране французским олигархом Кэботом и швейцарцем Прево.

Англофильский либеральный истеблишмент на Восточном побережье является источником такого рода вещей. Я мог бы продолжать и продолжать о фамилиях и их истории, которая была сделана для сокрытия. Они преданы европейским и британским королевским семьям и олигархии через Шотландский обряд масонства. Они могут успешно отрицать свою историю, но это не изменит доказанного факта, что их тесные связи с центрами масонских интриг доказаны.

Сегодня они поддерживают косвенный контакт с ложей "Семь сестер" в Париже. Эта Ложа руководит обширной операцией по контрабанде наркотиков, которая достигает самого сердца "коронованных особ Европы". Они, как и Роберт Хольцбах, глава Шотландского обряда Союза швейцарских банков, считают, что "суверенитет не заменяет платежеспособность".

Другими словами, власть денег превосходит все соображения. Хольцбах - типичный представитель денежной власти, которая противопоставила Старый Свет молодой Республике Соединенных Штатов. Хольцбах тесно сотрудничал с итальянской масонской ложей P2, которая была создана для того, чтобы добиваться возвращения Савойского дома на итальянский престол. Благодаря сети Scottish Rite-P2 ничья частная жизнь не защищена. Правительство США имеет свои связи в этих кругах. Ваш номерной счет в швейцарском банке может быть уже известен правительству США или любой другой заинтересованной стороне. Это общеизвестно, поэтому те, кому есть что скрывать, больше не обращаются в банки Швейцарии.

Те из вас, кто принадлежит к Епископальной церкви в Америке, должны знать, что ваш архиепископ Роберт Ранси является членом Верховного совета Шотландского обряда масонства. Если бы это было не так, он никогда не был бы "утвержден" в качестве архиепископа Елизаветой Гельф. Ранси является личным контактным лицом королевы Елизаветы и Всемирного совета церквей.

Значительное влияние Шотландского обряда на нашу прошлую историю и на важные решения, внутренние и внешние, принимаемые каждой американской администрацией, можно измерить в терминах ущерба, нанесенного наилучшим интересам страны. Точно так же, как он был ответственен за планирование Гражданской войны, Шотландский обряд масонства планирует Третью мировую войну. Если мы не осознаем, какие могущественные силы управляют делами Америки, независимо от того, кто занимает Белый дом, у нас нет надежды на борьбу с врагом. Единственный способ помешать планам предателей Шотландского Обряда - разоблачить их деятельность.

Для этого наши патриоты должны быть информированы о том, за что выступает Шотландский обряд, да и все масонство, а именно за свержение существующего порядка и разрушение национальных государств, особенно тех, которые имеют республиканские конституции, разрушение семьи и уничтожение христианства. Мне было очень трудно отделить это сообщение от того, которое я сделал о влиянии олигархических и королевских семей на наши дела. Я рекомендую вам также приобрести копию этой книги "*King Makers and King Breakers: The Cecils*" и использовать ее вместе с этой книгой о масонстве.

ГЛАВА 14

ЗАГОВОР: ЕДИНОЕ МИРОВОЕ ПРАВИТЕЛЬСТВО

В такой обширной теме, как тайное общество, известное под общим названием Вольный масонский орден и различными другими названиями, невозможно исчерпывающе рассмотреть происхождение масонства. Поэтому цель этой книги - предоставить материал, который поможет вам лучше понять экономические и политические события, которые в настоящее время сотрясают мир, подчеркивая связь между этими разрушительными сатанинскими событиями и масонством. Пожалуйста, будьте терпеливы, не останавливайтесь на достигнутом, напишите мне и скажите, что вы являетесь членом одного или другого из многочисленных масонских орденов и что вы знаете, что масоны - это прекрасное филантропическое общество, которое изгнало политические и религиозные вопросы из своих дискуссий и обсуждений.

Проблема в том, что масоны низшей степени никогда не знают, что делают масоны высшей степени. Сама природа структуры движения не позволяет им знать. Это позволяет высшему руководству относительно легко вводить в заблуждение рядовых членов относительно действий, целей и намерений масонства.

И если случайно один из членов низшего ордена тяготеет к вершине, он под страхом смерти дает клятву хранить тайну и никогда не раскрывать то, что он знает, ни низшим братьям, ни кому-либо за пределами масонского ордена. Эта клятва молчания соблюдается очень строго. Я постараюсь избежать упоминания многочисленных культов и религиозных верований, связанных с масонством, и буду придерживаться аспектов английского и американского масонства.

Согласно большинству авторитетов в этой области, английское масонство было основано в 1717 году как гильдия оперативных или рабочих масонов, и открыло свои двери для так называемых спекулятивных масонов, то есть нерабочих масонов, создав таким образом объединенное движение под названием английские Великие Ложи. Старые гильдии масонов существовали на протяжении многих веков до 1717 года, но они не были, повторяю, политической силой. Они занимались только своим ремеслом, зарабатывая на жизнь своим ремеслом и/или профессией в форме закрытой мастерской, т.е. оберегали свои секреты от проникновения извне.

Первые масоны, то есть до 1717 года, имели только три степени - Apprentice, Fellow и Master Mason. При слиянии Гильдии масонов допустили большие изменения, первое из которых заключалось в том, что имя христианского Бога было удалено из ритуала, Голубое масонство, как оно называлось, было в то время практически новым движением, и это положило конец сотрудничеству с ремесленными масонами. Короче говоря, неактивные спекулятивные масоны полностью захватили власть, и древний орден исчез со сцены.

Из этого нового ордена родился новый воинствующий и революционный масонский орден, названный Шотландским обрядом. Запретив ритуалы Великого Востока, то есть европейского масонства, английское масонство не запретило Шотландский обряд, и этот революционный ритуал, подобно смертельному вирусу, взял под контроль все масонские ячейки в Англии и Америке, чтобы занять место водителя всех рычагов власти в обществе.

Большинство членов английского масонства остаются в третьей степени, обычно не зная о зле, совершаемом от его имени в более высоких степенях. К моменту достижения девятой степени революционная природа масонства Шотландского обряда становится очевидной для квалифицированных кандидатов, поскольку это его конечная цель: подрыв государства с помощью масонства, как это преподается в 33 степени, именно поэтому многие масоны 33 степени несут ответственность за роспуск существующих правительств во многих странах.

Например, во Французской и Американской революциях, в Войне между государствами, и совсем недавно в Зимбабве, где масон 33 степени, лорд Сомас, предал Зимбабве в руки коммунистического тирана под мошенническим термином "правление большинства", и в полной капитуляции Южной Африки масонами во главе Великобритании и США.

Сомас был одним из тех "решительных людей масонства", которых описал Дизраэли, премьер-министр Великобритании и масон, когда он говорил конкретно о ложах Шотландского обряда и Великого Востока:

Необходимо принимать во внимание тайные общества, которые могут в последний момент отклонить все меры, у которых повсюду есть агенты, решительные люди, подстрекающие к убийствам, и т.д.

Это, конечно, не похоже на филантропическое общество, за которое себя выдают масоны и, по правде говоря, таковым не является. Возникает вопрос: зачем нам вообще нужны тайные общества? Америка была основана на христианских принципах, в которых ясно сказано, что "люди предпочитают тьму свету, чтобы помрачились их злые дела". В этом, я считаю, и заключается истинная причина существования тайных обществ; в основе их действий лежит зло. Другого объяснения необходимости секретности нет! Нет необходимости подробно останавливаться на тайном обществе, которое руководило Французской революцией. Сегодня все историки сходятся во мнении, что это был масонский Якобинский клуб.

Вот что сказал весьма примечательный Великий Мастер Верховного Совета Шотландских Обрядов Доминика Ангер, подтверждая 33 степень новоиспеченным масонам, собирающимся ее получить:

Брат, ты завершил свое обучение в качестве руководителя масонства. Принесите свою высшую клятву. Я клянусь не признавать никакой другой родины, кроме родины мира. Я клянусь работать везде и всегда, чтобы уничтожить границы, пределы всех наций, всех отраслей промышленности, не меньше, чем всех семей. Я клянусь посвятить свою жизнь торжеству прогресса и всеобщему единству и заявляю, что исповедую отрицание Бога и отрицание души. И теперь, брат, когда для тебя страна, религия и семья навсегда исчезли в безбрежности работы масонства, приди к нам и раздели с нами безграничную власть, безграничную силу, которой мы обладаем над человечеством. Единственный ключ к прогрессу и счастью, единственные правила добра - это ваши аппетиты и инстинкты.

Такова, в двух словах, суть масонского ордена Шотландского обряда, который доминирует в американском масонстве. Одна из самых интересных вещей о коммунизме, масонстве и иезуитах заключается в том, что все они имеют заметную фигуру в истории, которая их связывает - Карл Маркс, человек, который утверждал учение Вайсхаупта в качестве своего оригинального "манифеста".

Маркс яростно (и часто жестоко) защищал иезуитов на протяжении всей своей жизни. Маркс - это человек, который устанавливает связь. Маркс также горячо поддерживал тайное общество масонов, что, на мой взгляд, является важным звеном, "упущенным из виду" почти всеми историками. Это пренебрежение - целенаправленный процесс. Нельзя отрицать, что социализм используется для продвижения цели единого мирового правительства, и интересно отметить, что Маркс, открыто ненавидящий религию, так горячо поддерживал иезуитизм.

5 апреля 1541 года Игнатий Лойола основал орден иезуитов, который впоследствии был одобрен Папой Павлом XI. Орден в некотором роде масонский, поскольку состоит из шести рангов или степеней, глава ордена известен по своему воинскому званию, т.е. генерал, который требует абсолютной и беспрекословной лояльности от всех иезуитов и, в свою

очередь, имеет абсолютную власть над каждым иезуитом во всех вопросах. Генеральный имеет право открыто или тайно принимать в Общество лиц, не являющихся его членами. Настоятели и ректоры обязаны каждую неделю докладывать генералу обо всех людях, с которыми они поддерживали отношения или контакты. Иезуиты - это мощная сила противодействия Папе, которую они никогда не стеснялись использовать, как в случае с инквизицией, от которой иезуиты максимально дистанцировались. Папы всегда относились к иезуитам с подозрением, настолько, что в 1773 году орден был запрещен. Наперекор Папе Римскому Фридрих II Прусский защищал иезуитов в своих собственных интересах.

Если кто-то из читателей возражает против связи между иезуитами и масонством, позвольте мне сказать, что, вероятно, одним из лучших авторитетов по этому вопросу является Хекторн, и я процитирую его слова:

> Существует большая аналогия между масонскими и иезуитскими степенями; иезуиты также наступают на ботинок и обнажают колено, потому что Игнатий Лойола так представил себя в Риме и попросил подтверждения ордена.

Не довольствуясь исповедью, проповедью и наставлениями, благодаря которым они приобрели небывалое влияние, в 1563 году они создали в Италии и Франции несколько конгрегаций, то есть тайных собраний в подземных часовнях и других секретных местах. У сегрегационистов была сектантская организация с соответствующими катехизисами и пособиями, от которых пришлось отказаться перед смертью, поэтому сохранилось очень мало экземпляров.

Иезуиты стремились помочь Новому мировому порядку, активно поддерживая революционных людей, таких как Карл Маркс, который, в свою очередь, яростно защищал иезуитов, как я уже говорил ранее. Другими известными людьми, защищавшими иезуитизм и масонство, были Адам Смит, шпион британской Ост-Индии, которого использовали для продвижения ложных экономических теорий, и его соучастник Томас Мальтус. Оба были протеже масона Шотландского обряда, графа Шелбурна, который разжигал Французскую и Американскую революции. На самом деле, все эти люди, включая Маркса, защищали феодализм, который был навсегда уничтожен Американской революцией.

Джереми Бентам, дьяволопоклонник-сатанист калибра Альберта Пайка, выступал против республиканизма, как и все сегодняшние масоны и иезуиты-заговорщики. Семьи рантье, правившие миром во времена Бентама, видели опасность в свободе человека через республиканскую форму правления, и поэтому они стремились использовать все имеющиеся в их распоряжении средства, чтобы свести на нет огромные преимущества, полученные в результате Американской революции. Эта борьба с масонством продолжается и по сей день в 2009 году, но сейчас она находится в своей завершающей фазе. Важно, что руководители заговора Единого мирового порядка в основном масоны и, в некоторых случаях, иезуиты, как Бжезинский, который также является Водолеем. (Член Акварианского Заговора) Они находятся в авангарде борьбы за свержение Американской Республики, которую абсолютно ненавидят Черная Аристократия

Европы и так называемые аристократы Америки.

Семьи Черного дворянства живут в Италии (Венеция, Генуя и Флоренция), Швейцарии, Великобритании и Баварии. Именно здесь находятся их основные члены и именно отсюда планируются и осуществляются всевозможные преступления против человечества, начиная с XIV века .

ГЛАВА 15

ОБЗОР ТВОРЧЕСТВА КАРЛА МАРКСА

Карл Маркс был фактически порождением одной из этих бывших олигархий и провозгласил, что Советский Союз был олигархией. В число этих олигархий входили и Соединенные Штаты, и они объявили республиканизм смертельным врагом, который должен быть уничтожен всеми доступными методами.

Хотя Пайк заявлял, что он полностью против республиканской системы с демократическими принципами. Одним из таких методов является религиозный фанатизм, связанный с проникновением культов и религиозных орденов. И это не просто республиканская форма правления, которую они хотят видеть разрушенной. Они хотят, чтобы все Соединенные Штаты вернулись к феодальной системе, в которой "благородные аристократы" восточного истеблишмента обладают всей полнотой диктаторских полномочий.

Я не встретил ни одного писателя в американской "культуре заговора", который бы удовлетворительно объяснил феодализм. Те, кто писал на эту тему, лишь продемонстрировали свое незнание ее истинного значения. Именно в этом духе я осмеливаюсь рассказать о феодализме, поскольку он имеет непосредственное отношение к масонству.

Во времена Темных веков, которые властвовали в Европе на протяжении столетий, человек был беззащитен. Сохранение жизни было главным фактором, и люди отдавали себя в полное рабство сильнейшим среди них, которые в свою очередь защищали их от тех, кто охотился на них. Сильные мужчины обязывались перед еще более сильными мужчинами, и из этого родилась феодальная система. Мужчины записывались на службу в армию более сильной группы на определенный период времени - скажем, 50 дней в году.

Это привело к появлению класса воинов, который стал дворянством. Им требовалось оружие, лошади и укрепленные места для защиты, что стало возможным благодаря "бесплатному" труду. Укрепленные площади превратились из палисадов в массивные каменные здания, внушительные по своей конструкции и исполнению.

Каменщики, каменщики, кузнецы и металлисты должны были бесплатно отдать свой труд на строительство этих суперструктур. Основным источником богатства была земля и труд тех, кто ее обрабатывал для производства товаров, которые превращались в богатство. Состояние крепостного крестьянина мало менялось на протяжении веков, некоторые из них постепенно становились фермерами-арендаторами, выплачивая подати господину поместья. Ни он, ни члены его семьи не могли жениться без разрешения хозяина поместья, что обычно означало уплату налога. Он никогда не был свободным человеком.

Постоянным препятствием к его свободе был закон, который заставлял его оставаться там, где он был. Другими словами, ему не разрешалось двигаться. Когда он умер, его лучшие сельскохозяйственные животные перешли к хозяину поместья. Альберт Пайк и его коллеги-масоны обещали "полную свободу" всем, кто становился членом масонства.

Однако ближайшим другом и соратником Пайка был Джузеппе Мадзини (1805-1872), итальянский масонский лидер, который не мог мириться с промышленной капиталистической системой. Мадзини был сатанистом, а также священником-иезуитом!

Мадзини был основателем Лиги молодой Европы, которая вскоре открыла филиал в Америке под названием "Молодая Америка". Карл Маркс был одним из первых членов радикального масонского движения Мадзини, начиная с 1840 года, поэтому совершенно ясно, что масонство создало Карла Маркса как революционную фигуру, защищающую рабочих, чтобы использовать его как дубину для избиения промышленного капитализма до смерти. Мадзини, иезуит, поддерживавший масонство, фактически положил начало карьере Карла Маркса в борьбе против капитализма, собрав вместе видных коммунистических масонов и основав радикальную "Международную ассоциацию рабочих".

С тех пор Карл Маркс редко скрывался от глаз общественности. Маркс развил свою ненависть к промышленному капитализму только после той судьбоносной встречи в Лондоне, на которой была основана Международная рабочая лига, и с которой Маркс вышел, говоря:

> Я полон решимости подавить все политические движения промышленного капитала, где бы я их ни обнаружил.

Маркс также сказал:

> Во всем зле следует винить развитие промышленного капитала.

Маркс не переставал проповедовать эту тему. Надеюсь, читатель сможет понять, как сильно мы пострадали от двуличия масонства и иезуитизма. Оба движения по-прежнему находятся в состоянии войны с Соединенными Штатами.

Это было частью объявленных намерений высокопоставленных масонов, таких как Пайк и Мадзини; свергнуть существующий порядок, что Вейсхаупт намеревался сделать в 1776 году и приказал сделать Иллюминатам. Слово "империализм" было придумано в Международной ассоциации рабочих и стало довольно часто употребляться с 1890 года. Поскольку Америка стала крупнейшей промышленно развитой страной в мире и из-за своего невероятного потенциала роста, США стали самой ненавистной страной, особенно из-за своей уникальной республиканской формы правления. Семьи американской олигархии сделали все для поддержания такого климата ненависти. Многое из того, что Маркс называл "уродливым американизмом", получило распространение по всему миру. Конечно, никто не подумал указать на то, что идеи Ленина были максимально близки к империалистической системе, а коммунизм был ничем иным, как системой узкого капитализма, основанного на олигархии. Это никогда не был настоящий коммунизм, и сейчас это не коммунизм. Это просто капитализм грубого монополистического характера, ведущий к полной власти в руках нескольких человек.

ГЛАВА 16

ВЕРНУТЬСЯ К ИСТОРИИ

Когда я был молодым студентом, я читал историю Августа Цезаря, написанную Тацитом. Я был полон удивления. Я думал, что, конечно, римский народ понимает, насколько он упадочен и что Рим скоро исчезнет. Почему никто ничего не сделал, чтобы остановить падение Рима? Почему мы в Америке не видели, что Америка деградирует? Конечно, народ должен видеть, что восточный либеральный истеблишмент и его союз с британской олигархией разрушают эту страну?

Должен ли народ осознать, что мы находимся в последние годы существования самой замечательной республики, которую когда-либо знал мир? Ответ заключается в том, что американский народ ничем не отличается от римлян. Они не видят ничего подобного! Они также не хотят, чтобы их беспокоили люди вроде меня, пытающиеся указать на это. "Оставьте нас в покое", - говорят они. "Америка - это не Древний Рим. У нас есть наша Конституция. Мы сильны. Мы не потерпим поражения".

Именно в этом и заключается смысл. Поскольку у вас, американского гражданина, есть Конституция, восточный истеблишмент видит в вас угрозу, над устранением которой он должен работать днем и ночью. А что случилось с нашей Конституцией, величайшим документом после Библии? Он был растоптан и отброшен в сторону!

Я твердо скажу, что я был единственным, кто обратил внимание на связь между Фолклендской войной и Восточным истеблишментом. Я также был первым и очень долгое время единственным, кто писал о Римском клубе, Фелипе Гонсалесе, докладе "Global 2000" и мультикультурализме, например, о Новой Аквариумной Эре. Сегодня эти имена опубликованы во многих правых изданиях, но в течение почти десяти лет единственная информация об этих именах поступала из моего архива.

Фолклендская война была войной, которая велась от имени черной британской аристократии и Елизаветы Гельф, королевы Англии. Америка не имела права помогать этим врагам истинной свободы одержать победу над аргентинцами. Тем не менее, мы оказывали британцам всевозможную поддержку оружием и системами помощи. Тем самым мы запятнали собственное гнездо, не зная, что Джон Куинси Адамс написал знаменитую доктрину Монро, чтобы предотвратить такое событие.

Правящий класс Восточного истеблишмента, давно связанный со своими британскими коллегами, действительно разорвал доктрину Монро, поддержав британских агрессоров, утверждая на самом деле, что с их ненавистью к нашей Республике они знают, что делать с такими документами, как доктрина Монро, и они сделали это во время Фолклендской войны, осыпая ее страницы презрением и насмешками, во время президентства "консервативного" президента Рейгана.

Обличая доктрину Монро, восточный истеблишмент, враг американского народа и его великой республики, также отверг победу 1812 года над британцами, одержанную небольшим и неадекватным флотом США. Эта великая победа американского флота произошла после того, как предатель швейцарского происхождения Галлатин (министр финансов) сделал все возможное, чтобы предотвратить строительство американского флота. Галлатин находился на службе у британской, швейцарской и генуэзской черной знати и их семей банкиров-рантье и делал все возможное, чтобы задушить и задушить молодую Американскую республику. Галлатин был полной противоположностью Джону Куинси Адамсу и Бенджамину Франклину.

В то время как Джон Куинси Адамс и Франклин служили Америке, Галлатин служил старым феодальным семьям Британии, Венеции, Генуи и Австрии точно так же, как президенты Вильсон, Хаус, Рузвельт Стимсон, Нокс, Буш и Клинтон должны были служить заговорщикам, которые работали над свержением американской республики в пользу деспотического, рабовладельческого правительства одного мира.

Давайте вернемся к войне 1812 года. В результате крайней жестокости, проявленной к ее торговому флоту британскими военными кораблями и их суррогатами, пиратами Барбарийского побережья, Америка, наконец, объявила войну британцам - но не восточному истеблишменту. Небольшой американский флот в конечном итоге одержал победу над могущественным британским флотом. Наконец, после восстановления мира Договор о дружбе, мореплавании и торговле уступил Фолклендские острова Испании, а затем Аргентине.

Таким образом, аргентинцы получили законное право собственности на Фолклендские острова. Однако Джордж Буш, Джордж Шульц и Александр Хейг, слуги восточного истеблишмента, проигнорировали память о тех храбрых американцах, которые во второй раз победили британцев и своим предательством помогли британцам вторгнуться на Фолкленды, разорвали доктрину Монро и вновь поработили Соединенные Штаты британским и европейским феодалам. И именно президент Рейган руководил этим осквернением.

Да, мы поносили имена наших героических государственных деятелей, Джона Куинси Адамса и президента Монро. Мы не только позволили воинственным британским силам войти в наше полушарие, но и помогли им разгромить дружественное государство, с которым мы подписали договор. Если есть кто-то, кто все еще не верит, что британцы контролируют Америку, я призываю вас внимательно пересмотреть не только то, что они сделали с Аргентиной, но и то, что они сделали с нашей собственной страной, Соединенными Штатами. Лица, ответственные за нарушение доктрины Монро, должны были быть судимы за государственную измену и понести наказание, если бы их признали виновными.

Они предали все, за что выступала Республика Соединенных Штатов, когда впустили британцев в наше полушарие! Вот что произошло. Мог ли кто-нибудь видеть, что происходит? Мог ли кто-нибудь остановить это? Неужели мы так же слепы, как римляне?

Ответ во втором случае заключается в том, что никто в Америке, включая нашего президента, не обладает достаточной силой, чтобы остановить Вавилонскую блудницу, денежную власть восточного истеблишмента, от выполнения того, что ей приказывают ее европейские хозяева! Мы несемся на быстро поднимающемся приливе, стремительно продвигаясь к роковому дню, когда нас захлестнет единое мировое правительство. Невозможно остановить этот бешено несущийся поток! Даже такие, как я, которые пишут об этом уже много лет и точно знают, что происходит, мало что могут сделать, чтобы остановить трагедию. Так же, как пал Рим, падет и Америка.

Мы вступаем в последние годы существования нашей Республики. Но мало кто воспринимает это, как утверждает Тацит, ни Цезарь Август, ни кто-либо другой не заметил, что Рим падает.

Главными архитекторами нашего упадка являются масоны-иезуиты и их переплетающиеся связи с американским восточным истеблишментом и британской, венецианской, генуэзской и швейцарской черной знатью. Заговор миссис Тэтчер и Генри Киссинджера с целью предательства Америки через их тайные сделки с Москвой доказал это.

Если вы думаете, что моя вера в существование тайных соглашений между восточным истеблишментом и СССР не имеет значения, позвольте мне сказать вам, что один из худших предателей в истории американской республики, Макджордж Банди, так называемый предатель "голубой крови", основал один из первых таких институтов, Международный институт прикладного системного анализа, в сотрудничестве с агентом КГБ Алексеем Джерменом Гвишиани, который приходился зятем покойному премьер-министру Алексею Косыгину (1904-1980). Макджордж Банди является убежденным сторонником роковой доктрины мальтузианских масонов, которая сегодня убивает экономику западных стран. Макджордж Банди, как и Косыгин, является членом ордена масонов Шотландской школы.

Макджордж Банди играл ведущую роль в противодействии всем американским усилиям по достижению ядерного паритета с Советским Союзом и вместе с участниками Пагуошской конференции по разоружению, почти все из которых были масонами, нанес неоценимый ущерб обороноспособности Америки. Вместе с Киссинджером Банди вступил в союз с пагуошскими пропагандистами SALT, которые, как он знал, в конечном итоге ослабят Америку.

И Макджордж Банди, и Киссинджер продались тем же черным швейцарским, немецким и британским дворянским семьям, которые сражались с Вашингтоном во время Американской революции и войны 1812 года, даже сейчас черная масонская аристократия продолжает сражаться с Американской республикой.

Откуда Макджордж Банди, Киссинджер, Гарриман, Рокфеллер, Кэбот, Лодж, Буш, Киркланд (нынешний профсоюзный лидер, чей прапрадед сделал первый выстрел в форте Самтер, чтобы начать разрушение Республики), Лоуэллы, Асторы и все семьи восточного истеблишмента получили свои антиреспубликанские убеждения и идеи?

Ответ на этот вопрос достаточно прост: граф Шелбурн (Уильям Петти, 1737-1805), глава британской секретной службы и мастер шпионажа, и, возможно, самое главное, глава фанатичного, сверхсекретного Шотландского ордена масонов! В этой связи мы вновь видим жизненно важную роль, которую играет масонство в формировании не только дел Соединенных Штатов, но и всего мира, движущегося к обществу под названием "единое мировое правительство".

Кто был этот мастер заговора, этот Шелбурн, который управлял сердцами, умами и философией тех уважаемых семей "старых денег" в Бостоне, Женеве, Лозанне, Лондоне, Генуе и Венеции, которые стали невероятно богатыми благодаря торговле опиумом и рабами: я имею в виду семьи Уильяма Питта, Маллет и Шлюмберже. Шелбурн, безусловно, доминировал в сердцах и умах всего восточного либерального истеблишмента и многих, многих других так называемых выдающихся и влиятельных семей.

Впервые я упомянул лорда Шелбурна в своем сочинении около двадцати лет назад. В то время ни одно правое издание или автор не упоминали о самодержавном британце голубых кровей, возглавлявшем оппозицию Американской революции.

Шелбурн был прежде всего масоном шотландского обряда, имевшим тесные связи с иезуитами в Англии, Франции и Швейцарии. Он был контролером не только Уильяма Питта, премьер-министра Великобритании, но и террористов Дантона и Маррата, предателей Ист-Истеблишмента во главе с Аароном Бурром, а также Адама Смита, британского ост-индского шпиона, ставшего экономистом, и Мальтуса, чей поток ошибочных концепций тянет экономику Запада к гибели.

ГЛАВА 17

ГЛАВНЫЙ МАСОН ШЕЛБУРНА

Лорд Шелбурн - человек, который сделал больше всего для разрушения благ, полученных человечеством в результате Ренессанса 15 века, и человек, который больше всех предал христианские идеалы, которым учил Христос, наши социальные и моральные политические идеалы и наши представления о свободе личности, воплощенные в Конституции.

Одним словом, Шелбурн - квазиисторический отец революции, рабства и нового темного века, ведущего к единому мировому порядку. Шелбурн ненавидел и не любил Ренессанс. Он определенно был поклонником особых интересов, считавшим, что простой человек находится на Земле только для того, чтобы служить высшему классу, к которому принадлежал Шелбурн. Он также ненавидел промышленный капитализм и был ярым сторонником феодализма - почти идеальный пример для подражания Карлу Марксу.

Более того, именно Уильям Петти основал трижды проклятое Королевское общество в Лондоне, предшественника Королевского института международных отношений, который контролирует американскую внешнюю политику, Совет по международным отношениям в Нью-Йорке.

Королевское общество в Лондоне и его потомки, Королевский институт международных отношений и Совет по международным отношениям в Нью-Йорке, основаны на трудах масона Роберта Фладда и иезуитском росикрусианстве.

Другими масонами, контролировавшими Королевское общество, были Элиас Эшмол и лорд Актон, занимавшие очень высокое положение в масонском руководстве. Эти люди, вместе и по отдельности, контролировали действия премьер-министра Великобритании Уильяма Питта и Джона Стюарта Милля, лорда Пальмерстона и более поздних людей, таких как Уэллс и Джон Раскин (Раскин был наставником Сесила Родса и лорда Альфреда Милнера), а также масонов, возглавлявших якобинцев в начале печально известной Французской революции.

Именно лорд Милнер развязал жестокую бурскую войну, бросив мощь британской армии против маленьких республик бурских крестьян. Он, как и Шелбурн, ненавидел республиканство. Эти знатные масоны стали причиной неисчислимых разрушений, несчастий, боли и страданий, экономического хаоса во всех странах, но давайте не будем забывать, что именно Уильям Петти, граф Шелбурнский, чьи учения вдохновили их и сделали все это возможным.

Не будем также забывать, что Уильям Петти, граф Шелбурн, был, повторяю, прежде всего масоном. 33 степени масонских ритуалов учат, что Бога нет, но много говорят о древних культах зла. Месопотамия и Египет были землями, где практиковались эти злые культы, о которых сообщал граф Шелбурн на Западе и по образцу которых созданы Римский клуб и современные Аквариумы, существовали с древности. У них не было ни уважения, ни милосердия к матери, чей ребенок был вырван у нее жрецами Ваала, чтобы быть заживо сожженным в железных руках Молока в качестве жертвы в его честь.

Эти "общества охоты и собирательства", как их называют, до сих пор встречаются в некоторых масонских орденах. И не заблуждайтесь, культы являются воплощением всего зла, такие культы, как культ Диониса, к которому принадлежат могущественные главы европейских королевских семей, Магна Матер, Изида, Астарта, злой, мерзкий халдейский культ, культ Люцифера или Люциферский трест, недавно названный Люциусским трестом, к которому принадлежали Роберт Макнамара, Сайрус Вэнс и многие известные представители восточного истеблишмента.

(Позвольте мне сказать, что есть много других культов, к которым принадлежат многие высокопоставленные масоны - те, которые связаны с порядком Единого Мирового Правительства - и я буду говорить о них по ходу дела).

Но прежде чем я подробно расскажу о том, что делают современные масоны для установления нового мирового порядка - Утопии эпохи Авгарии, я хочу обратиться к историческим масонским фигурам времен Американской революции, Войны между штатами, широко известной как Гражданская война, а затем перейти к более поздним временам.

Я надеюсь показать вам, что красная линия ненависти к Американской Республике проходит через нашу историю уже более 250 лет, и что эта ненависть сегодня сильнее, чем когда-либо прежде, поскольку Америка вступает в свою последнюю фазу перед тем, как сумерки нового Темного Века мрачно осядут на Земле и всех ее оставшихся жителей.

Прежде чем вдаваться в некоторые подробности, позвольте мне сказать, что ненависть к христианству в 2008 году еще сильнее, чем в Средние века. Стоит отметить, что между целями и задачами сегодняшних предателей масонов Восточного истеблишмента и политикой международного социализма очень мало различий. "Наши" предатели всегда сотрудничали со своими коллегами в Венеции. Действительно, именно "голубая кровь" Америки и союзники фракции "черных гвельфов" в Европе, особенно лорд Альфред Мильнер, масон шотландского обряда, создали Владимира Ленина.

Как я уже говорил ранее, большевистская революция не была непонятным движением, которому удалось свергнуть и поработить крупную нацию. Скорее, это был результат планирования и заговора масонов, который начался в 1776 году с войны против католической церкви под руководством иезуита Адама Вейсхаупта. Не только заговор по коммунизации России пришел с Запада, но и огромное состояние, необходимое для его осуществления!

Напротив, когда американские колонисты начали борьбу за освобождение от рабского ига, наложенного Георгом III, их никто не поддерживал, кроме них самих! Католическая церковь в Канаде, в которой доминировали иезуиты и в которую входили многие масоны, сыграла ключевую роль в предательстве американского дела во время войны 1776 года, помогая предателю Аарону Берру, бывшему вице-президенту США, который напоминает мне многих наших прошлых президентов.

Именно католические иезуиты организовали переезд Бурра, чтобы он мог шпионить в пользу британцев. Другой фигурой, направленной в Америку главами британского, швейцарского и генуэзского государств, был Альберт Галлатин, масон, который проложил себе путь в структуру власти новой страны и начал разрушать ее изнутри. Его коллегой сегодня является Пол Волкер, бывший председатель Федеральной резервной системы в один из самых бурных периодов в истории США, а ныне, в 2009 году, экономический советник президента Обамы.

Уильям Шелбурн, мастер-масон, шпион и вдохновитель Французской революции, координировал деятельность всех, кто участвовал в борьбе за искоренение опасной новой американской республики, прежде чем она станет образцом для всего мира. Среди этих врагов был Роберт Ливингстон из комитета Континентального конгресса. Шелбурн организовал передачу титула ведущего масона Шотландского обряда от своего Великого Мастера Уильяма Уолтера, который в 1783 году служил в британской армии, новому Великому Мастеру Ливингстону.

Ливингстон был введен в должность Великого магистра Великой ложи Нью-Йорка, с которой он продолжал работать на семьи Лондон-Венеция-Генуя-Женева, которые и сегодня контролируют основные богатства мира. В этот гнусный круг входили сенаторы Хиллхаус, Пикеринг, Трейси и Пламмер, все они были масонами и играли ведущую роль в попытках убедить свои штаты выйти из состава Союза. Как я уже сказал, все они были масонами, как и их доверенное лицо и соавтор заговора, посол Великобритании в США Энтони Мэри. Когда Бурр, мастер-масон, был разоблачен как предатель, потому что заговор по захвату Луизианы для британцев провалился, он бежал к своим масонским друзьям в Англию, так же как Роберто Кальви бежал к своим масонским друзьям Шотландского обряда в Англию. Однако, в отличие от Кальви, который был убит своими так называемыми "друзьями", Бурр получил героический прием от графа Шелбурна. Кстати, именно Джон Джейкоб Астор оплатил поездку Берра. Астор был полностью согласен с тем, во что верил Шелбурн, а именно в поклонение сатанинскому халдейскому культу, культу настолько могущественному, что в один период истории он держал в своих тисках всю Персидскую империю. Халдейский культ широко осуждается в христианской Библии.

Семьи в Британии, Генуе, Венеции и Швейцарии являются потомками тех, кто под руководством масона Шелбурна сокрушил молодую американскую республику. Семьи, запятнавшие себя торговлей опиумом, такие как Маллет, Питт, Дандес, Галлатин, а в Америке - Ливингстон, Пикеринг, плюс гарвардское гнездо предателей, составляют ядро либералов восточного истеблишмента и их предшественников, которые ненавидят Америку и намереваются полностью сокрушить ее, как это сделал Шелбурн 250 лет назад.

Одним из самых настойчивых в этом предприятии был английский "экономист" и ведущий масон Томас

Мальтус. Как Маркс был создан европейским иезуитско-масонским заговором, так и Мальтус был создан ими.

Мальтус был шпионом на службе Британской Ост-Индской компании - британской колониальной организации, отвечавшей за сбор сырья и ликвидацию активов, сравнимой с современным Международным валютным фондом. Но ложная экономическая предпосылка, за которую Мальтус стал известен, на самом деле была написана другим масоном, графом Ортесом, членом венецианской банкирской семьи Ортесов.

Черная венецианская знать, возмущенная деятельностью американца Бенджамина Франклина, поручила и заплатила масону Ортесу за написание опровержения работ Франклина. По сути, Франклин поддерживал библейское предписание плодиться и размножаться. Франклин утверждал, что экономическое процветание наступит в результате увеличения численности населения. Чернокожие дворяне с их менталитетом "охотников-собирателей" считали, что только часть общего стада должна быть оставлена для службы.

Они верили в геноцид, и именно из этого Римский клуб почерпнул свои идеи для программы "Глобал 2000". Труды Ортеса от имени "благородных" семей были очень антиамериканскими, антифранклинскими, и его идеи были подхвачены, развиты и расширены другими масонами, такими как премьер-министр Уильям Питт, а позже Мальтусом, после того как он получил стипендию и обучение от масона шотландского обряда, лорда Шелбурна. В дальнейшем Мальтус написал свою книгу *"О народонаселении"* в прямом противоречии с работой Франклина.

ГЛАВА 18

МАЛЬТУС И БЕНДЖАМИН ФРАНКЛИН

Мальтус ненавидел работы Бенджамина Франклина, которого презирали те же семьи, которые перечислены в этом списке предателей "*60 семей Америки*", опубликованном масоном Фредериком Лундбергом.

Эти семьи думают, что они - высший класс Америки. Они считают, что имеют неотъемлемое право решать, кому жить, а кому умереть, и кто решает судьбу Америки.

Потомки этих 60 семей упорно боролись за то, чтобы уничтожить американскую республику и сокрушить все ее остатки. Их предшественники делают то же самое сегодня, продолжая то, на чем остановились их предки. Этот сектантский нарыв должен быть вырезан из тела Америки, если мы хотим выжить, и чем скорее, тем лучше.

Большинство американцев, с которыми я общался, слабо представляют себе масштабы унижения и позора, которые мы испытали во время Фолклендской войны, позора, который мы продолжаем испытывать из-за деградации войны в Ираке, и это справедливо. Мы должны были выступить против британских масонов и сказать: "Нет, мы никогда не предадим память великого американского патриота". Вместо этого мы позволили американским и британским масонам топтать могилу Джона Куинси Адамса и проводить свой ритуал триумфа вокруг его надгробия. Я оплакивал предательство Фолклендов тогда, и я делаю это сейчас, в 2009 году, в связи с предательством нашей чести в войне в Ираке. Это одна из самых мрачных страниц в нашей истории. Мы не должны забывать об этом. Мы должны добиваться изгнания семей олигархов и распорядителей судьбы Америки с Фолклендских островов и возвращения их законным владельцам - аргентинскому народу. Мы не должны успокоиться, пока не будет отомщена память о 20 000 моряков американского флота, захваченных и порабощенных британским флотом до войны 1812 года.

Пока мы позволяем британским "благородным семьям" управлять Фолклендами, мы никогда больше не сможем почитать имя и память великого американца Джона Куинси Адамса. Пока мы этого не сделаем, мы не осмелимся называть себя богобоязненной христианской нацией. Три предательства, которые раздражают нас больше всего, - это Фолкленды, Южная Африка и Зимбабве. Я, со своей стороны, не могу успокоиться, пока виновные в этих преступлениях не останутся безнаказанными; преступления, которые были спланированы и осуществлены влиятельными элементами масонского движения и исполнены их американскими слугами в правительстве США.

Именно "60 семей", предки сегодняшних либералов Восточного побережья, боролись с американской революцией и республиканизмом, планировали и приводили к одной трагедии за другой в последующие годы, не последней из которых была Организация Объединенных Наций под руководством сатаны и культа. Именно эти семьи и их предшественники дали нам масонские, гностические, брахманические, иллюминатские, культы Изиды, Озириса и Диониса вместо чистого Евангелия Христа.

Это члены либерального истеблишмента. Люди, которые дали нам древнее и принятое подпольное масонство Шотландского (Американского) обряда, официально созданное только в 1929 году, но фактически основанное в 1761 году, и поэтому очень активное в своей войне против молодой американской нации. Кстати, замечу, что известный историк, леди Куинсборо, утверждает, что в основе обрядов лежат древние каббалистические истоки.

Альберт Маки, человек, который подробно изучил масонство, сказал.

> Масонство обещает людям спасение с помощью церемоний, придуманных людьми, управляемых священниками и населенных демонами. Она является суммой и содержанием всех ложных религий земли и в конечном итоге объединит их против Христа. Но единственный противник, которого боится масонство, - это Христос, который отказался поклоняться сатане и его последователям.

"Спасение", обещанное масонством, почти привело к краху Американской республики в 1812 году и в 1861 году к ужасной войне между штатами, так называемой "Гражданской войне", которая стоила жизни более чем 400 000 человек, факт, на который никогда не указывали историки истеблишмента (единственные, допущенные в Соединенных Штатах). Это ужасное число превышает количество американских солдат, погибших в Первой и Второй мировых войнах! Подумайте об этом факте и запомните его, поскольку наши так называемые "историки" пытаются вымести эту жизненно важную статистику под ковер.

И что послужило поводом для этой братоубийственной войны между штатами? Утверждается, что война велась для эмансипации чернокожих, но подавляющее большинство из нас теперь знает, что были и другие причины.

Интересно отметить, что рабовладельческие семьи Севера делали свои состояния на том, что осуждали. Они объединили работорговлю с торговлей опиумом в Китай, и именно таким образом голубокровные дворяне Оксфорда, выпускники Гарварда и "благородные" семьи Бостона и его окрестностей сколотили свои состояния, и именно в этой торговле наркотиками их потомки участвуют и сегодня. Однако я должен оставить в стороне рабство, торговлю опиумом, "олимпийцев" и пропитанный наркотиками "правящий класс", чтобы перейти к основной теме.

Позвольте мне вкратце повторить, что каждая из семей, считающих себя элитой "королевских семей" Америки, делала свои деньги на торговле опиумом и рабами. Скажите это автору книги *"Шестьдесят семей Америки"* и посмотрите, как он уйдет с дороги! Г-н Лундберг, конечно, никогда бы не подумал о том, чтобы разоблачить своих знаменитых клиентов. Теперь я хочу перейти к более поздним событиям после Гражданской войны, которая была спровоцирована и направлена масонским заговором от начала до конца, через таких людей, как Калеб Кушинг и Ллойд Гаррисон.

Нет сомнений в том, что зачинщиками заговора с целью уничтожения Америки, кульминацией которого стала Война между государствами, были все масоны Шотландского обряда с обеих сторон конфликта. Стоит вскользь упомянуть, что убийство президента Линкольна также было иезуитско-масонским заговором.

Эти масоны в союзе с черными венецианскими дворянскими семьями, Контарини и Паллавичини, и шпионская группа иезуитов не смогли бы убить Линкольна без попустительства восточных истеблишментских семей и семьи Сесилов в Англии. Таким образом, иезуитская секта росикрусианцев Роберта Фладда одержала победу над американским народом, его Конституцией и республикой и насладилась убийством президента как одним из своих "трофеев".

Каков же был мотив масонского заговора, направленного на уничтожение Соединенных Штатов и создание единого мирового правительства? Мотивом была ненависть, глубокая и фанатичная ненависть к идеалу республики, к идее, что люди могут быть освобождены от крепостного права и феодальной власти, осуществляемой старыми венецианскими, генуэзскими и британскими семьями.

Сама идея о том, что при республиканской форме правления люди могут оспорить любое решение, с которым они не согласны, воспользовавшись своим правом голоса, была абсолютно противна этим самозваным лидерам. Они считали, как считают и сейчас, что единственное право решать судьбу простого человека принадлежит им. Именно поэтому христианская религия с ее акцентом на свободу личности является объектом их ненависти и именно поэтому многие из этих старых семей любили работорговлю и торговлю опиумом, как сегодня любят торговлю наркотиками. Человек был и остается для них не более чем рабом, которого просто эксплуатируют. Как однажды сказал князь Меттерних: "Для меня человечество начинается с баронов". Кстати, Меттерних был героем и образцом для подражания Генри Киссинджера. Эти старые семьи смогли сделать это, потому что они не верят в реального и живого Бога! Это правда, что время от времени они на словах говорят о Боге и христианстве, как в случае с британской королевской семьей. Но они не верят, что Бог существует!

Более того, эта взаимосвязанная сила семей восточного истеблишмента, иезуитско-шотландско-росикрусианских банковских семей Венеции, Лондона, Генуи, Бостона, Женевы, Лозанны, Берна и т.д., ненавидит с почти жестокой одержимостью меркантильное общество, основанное на промышленном росте и технологиях, основанное на промышленном капитализме.

Движущей силой, смыслом существования заговора за единый мир, как мы видим в его видимых элементах, через Римский клуб, Общество Мон Пелерин, Фонд Чини, Бильдербергеров и Трехстороннюю комиссию, Королевское общество по международным делам, Совет по международным отношениям и Аквариумов, является разрушение христианской религии в первую очередь, за которыми последуют другие религии (особенно мусульманская), а также конец промышленного роста, уничтожение технологий и возвращение к феодализму и новому темному веку, что будет сопровождаться огромным сокращением населения, которого требуют их планы, поскольку миллионы "бесполезных едоков" больше не будут нужны в постиндустриальном обществе.

Среди моих многочисленных "первых шагов" - работа над межконфессиональной конференцией в Белладжио, доклад "Глобал 2000", разоблачение существования самой тайной масонской ложи, ложи Quator Coronati, и Римского клуба, нулевой рост и постиндустриальное общество; заговор о начале священной войны в Иерусалиме, начиная с атаки на мечеть Купол Скалы.

Среди других разоблачений - *"Кто убил президента Джона Кеннеди"*, *"Масонский заговор Р2"*, *"Кто убил Папу Иоанна Павла I"*, убийство Роберто Кальви и роль Хейга в израильском вторжении в Ливан. Сегодня заговор масонов как слуг черной знати и ее американской "аристократии" идет полным ходом. Как я и предсказывал 20 лет назад, сталелитейная, судостроительная, станкостроительная и обувная промышленность были уничтожены; то же самое происходит в Европе.

Что касается отчета Global 2000, то, отказывая в продовольствии голодающим странам Африки, миллионы чернокожих африканцев погибли. Тысячи людей также умерли от ВИЧ/СПИДа. Ограниченные войны, объявленные желательными и необходимыми архи-сатанистом, масоном Бертраном Расселом и "доктором Стрейнджлав" Лео Сцилардом, и его дьяволопоклонническим культом Шакти Иштар, ведутся в Иране, Центральной Америке, Южной Африке, на Ближнем Востоке, Филиппинах и т.д.

Я отвечу так: в христианской Библии сказано: "Бог взглянул на них (доадамитов) и увидел, что они не процветали". Бог послал нас, чтобы помочь этим людям выполнить их функцию на Земле, какой бы она ни была, и я понятия не имею, в чем она заключается, но не убивать их. Сцилард и его друг, Бертран Рассел, сетовали на то, что войны не избавили их от достаточного количества людей, о чем Рассел рассказал в своей книге *"Перспективы индустриальной цивилизации"*, вышедшей в 1923 году:

> Социализм, особенно международный социализм, возможен как стабильная система только в том случае, если население стационарно или почти стационарно. С медленным ростом можно справиться путем улучшения методов ведения сельского хозяйства, но быстрый рост должен в конечном итоге привести к сокращению всего населения.

Ложные представления Рассела основаны на сатанинских мальтузианских принципах, которые, в свою очередь, базируются на ненависти к национальным государствам, республиканизму и промышленному капитализированному государству, действующему на традиционной меркантильной основе. В 1951 году Рассел написал книгу *"Влияние науки на общество"*, и вот некоторые из наиболее важных идей, изложенных в этой книге:

> Война в этом отношении (т.е. сокращение численности населения) пока разочаровывает, но,

возможно, война с микробами окажется более эффективной. Если бы черная чума (чума Средневековья и ВИЧ) могла распространяться по миру раз в поколение, выжившие могли бы свободно производить потомство, не делая мир слишком полным. Положение дел может быть неприятным, но что с того? Люди высшего порядка равнодушны к счастью, особенно к счастью других.

Самопровозглашенный миротворец, Рассел был лжепророком масонства и лидером CND, Кампании за ядерное разоружение.

Он был голосом пророка восточного истеблишмента иезуитов, масонов, росикрусиан и членов американской черной знати. Эти самозваные лидеры мира становятся настолько высокомерными, что иногда не могут держать язык за зубами. Обратите внимание на упоминание о Черной смерти, охватившей мир в Средние века.

Чума не была "актом Бога", поскольку, конечно, Бог не убийца, хотя мы часто виним его в смерти людей, но, по моему мнению, основанному на 30-летних исследованиях, это было преднамеренное действие предшественников сегодняшних "олимпийцев", "Клуба 300". Это не надуманная теория.

Конечно, я еще не доказал это, но есть слишком много подсказок и соломинок на ветру, чтобы игнорировать их. Подобно тому, как доктор Лео Сцилард изображен в фильме *"Доктор Стрейнджлав"* как вымысел, смертельные вирусы, которыми сейчас владеют заговорщики и которые изображены в фильме *"Штамм Андромеда"*, также были представлены в этом фильме как вымысел. Но это не вымысел. Не стоит упускать из виду тот факт, что алхимики и черная аристократия проводили медицинские эксперименты с 14 века.

Смертельные вирусы, против которых чудодейственный препарат миозин абсолютно неэффективен, в настоящее время хранятся в ЦКЗ под строжайшей охраной. Вопреки официальной версии, не все эти вирусы были сожжены.

Это должно убедить вас в том, что мои прогнозы - не пустые слова. В 21 веке мы увидим еще много "черных чум" - новых и странных чум, которые мы не знаем, как назвать, а также новые и более смертоносные штаммы холеры, малярии и туберкулеза. Пусть никто не говорит, что нас не предупреждали о пандемиях, которые обрушатся на Землю и заберут с собой миллионы людей. В конце концов, цели "300" были четко сформулированы. Нам достаточно вспомнить слова Аурелио Печчеи, основателя Римского клуба, который в 1969 году сказал:

"Человек - это раковая опухоль для всего мира".

ГЛАВА 19

СОВМЕСТИМО ЛИ МАСОНСТВО С ХРИСТИАНСТВОМ?

На протяжении веков масонство пыталось создать впечатление, что его движение полностью совместимо с христианством. "Ничто не мешает масону быть христианином" - одно из старейших утверждений масонства. В этой книге я попытаюсь провести сравнение между тем, что я называю новозаветным христианством, и его самым грозным врагом - масонством. Свидетельства, которые мне удалось собрать, получены в основном от родственников масонов и бывших масонов, которые говорили со мной при условии, что их не будут называть. Те, кто нарушает клятву масонской тайны, знают, что высшей мерой наказания за такой проступок в большинстве случаев является смерть.

Тысячи книг были написаны за и против масонства. Католическая церковь твердо и решительно выступает против масонства. Протестантские церкви, к сожалению, не были так едины в борьбе с этим опасным врагом, как следовало бы. Здесь я расскажу о более поздних исследованиях масонства. В 1952 году я наткнулся на очень интересную книгу под названием *"Тьма видимая"* Уолтона Ханны.

Эта книга бесценна для всех, кто стремится пробить

завесу тайны, которая защищала масонство на протяжении стольких веков. Тот же автор, Уолтон Ханна, позже опубликовал статью под названием "Должен ли христианин быть масоном? "Масон внутри христианства, преподобный Р.К. Мередит, принял этот вызов тайнам масонства. Очень смело преподобный Мередит бросил вызов церкви, чтобы доказать, что масон может быть христианином.

Мередит, который учился в Оксфорде, был активен в левых кругах и участвовал в различных пролевых дебатах, которые были очень популярны в 1930-х годах. Это был период в истории Великобритании, когда было шикарно быть социалистом, когда фабианский социализм был в самом разгаре, когда было модно работать на Советский Союз, тот самый период, который дал нам Булвера, Литтона, Альфреда Милнера и Кима Филби. Группа Милнера со временем превратилась в то, что сегодня называется Королевским институтом международных отношений (RIIA).

Преподобный Мередит смело предложил, чтобы англиканская церковь начала расследование масонства. Его предложение церковной ассамблее 1951 года гласило следующее:

> Ввиду широкой огласки, которую получила статья Уолтона Ханны, необходимо, чтобы была назначена комиссия, включающая в свой состав лиц, компетентных в науке сравнительной религии, для изучения заявлений, сделанных г-ном Ханной в этой статье, и чтобы внимание Палаты епископов было обращено на все, что в ней изложено.

Очень интересно отметить, что Мередит упоминает масонство, даже косвенно, как религию. Мередит был настолько уверен, что его резолюция пройдет, и что масонство будет очищено сотнями масонов в англиканской иерархии, занимающих влиятельные позиции в Церкви, что он даже не потрудился наложить ограничения на предлагаемое расследование. Это было очень необычно. Когда масоны позволяют Церкви исследовать их тайное общество, это обычно делается с самыми строгими ограничениями, так что результат расследования является предрешенным: масонство и христианская Церковь действительно совместимы. С момента публикации книги Уолтона Ханны в 1952 году на различных Генеральных Синодах Англиканской церкви все чаще звучали вопросы об истинной природе масонских клятв, необходимости тайны как неотъемлемой части масонства, истинной роли масонства и масштабах его общей и тайной деятельности. Те, кто стремится сломать замок молчания, наложенный масонством, и раскрыть его темные секреты, часто цитируют генерала Людендорфа. Совсем недавно масонство описывалось как "разновидность мафии" или "единственный способ добиться быстрого прогресса для любого человека в коммерции или правительстве".

Когда в этом направлении был достигнут реальный прогресс, т.е. когда церковные расследования казались успешными, шакалы прессы кричали "охота на ведьм". Говорить о масонстве в его истинном свете, срывать маску с благодушного лица масонства стало делом рискованным. Масонство всегда отвечало на обвинения в злоупотреблениях, оправдываясь тем, что это "всего лишь один из миллионов плохих примеров того хорошего, что оно делает".

Мафия и зловещие аспекты масонства никогда не обсуждались открыто, вот почему масонство так смело отнеслось к резолюции Мередит; оно знало, что она пройдет - и прошла. Книга Стивена Найта "*Братство; тайный мир масонства*", вышедшая в 1984 году, сразу же вызвала подобную реакцию. Критики, литературные и религиозные деятели назвали эту превосходную книгу "плохо исследованной, полной неподтвержденных данных".

Пытаться описать каменную кладку - утомительное занятие. Это, пожалуй, самый большой братский орден в мире, неофициальное число членов которого только в США составляет почти 3,5 миллиона человек. С 1717 года, когда масонство впервые открыто заявило о себе, на эту тему было написано более 50 000 книг и более коротких работ.

Она породила больше ненависти, чем любая другая светская организация в мире. Мужчины мормонской и католической веры не могут присоединиться. В некоторых странах он запрещен. Масонство было объявлено незаконным Гитлером и Муссолини, а позже генералом Франко. Митрополичья иерархия в Лондоне по сути своей является масонской.

Среди масонов много королей и властителей: Эдуард VII, Эдуард VIII, Фридрих Великий, король Норвегии Хокон и король Польши Станислав - вот лишь несколько примеров, которые приходят на ум.

Президентами Соединенных Штатов, дававшими масонскую клятву, были: Джеймс Монро, Эндрю Джексон, Джеймс К. Полк, Джеймс Бьюкенен, Эндрю Джонсон, Джеймс А. Гарфилд, Теодор Рузвельт,

Уильям Говард Тафт, Уоррен К. Хардинг, Франклин Д. Рузвельт, Гарри С. Трумэн, Линдон Джонсон, Джеральд Форд и Рональд Рейган.

Среди масонов в области музыки были композитор "Сент-Луис Блюз" Уильям Хэнди, Джон Филипп Соуза, Гилберт и Салливан, Сибелиус и Вольфганг Амадей Моцарт, который был убит за раскрытие масонских секретов в "Волшебной флейте".

Ни один из критиков книги Найта не указал на то, что масонство никогда не подтверждает данные, касающиеся его темной стороны, его злодеяний и влияния на ход истории. Мадзини, временами, казалось, подтверждал некоторые из зол и злодеяний масонства в международной геополитике, но только в историческом контексте, уже известных данных; всегда намекая на масонское влияние на эти события, но никогда не подтверждая его роль строго научным образом.

Чтобы дискредитировать утверждение Найт о ее неправомерном влиянии в высших эшелонах власти и столичной полиции, особенно в отделе уголовных расследований (CID), и ее утверждение, что более 90% ее детективов являются масонами, один из самых высокопоставленных чиновников Шотландского обряда, лорд Хейлшем, был выбран Великим советом Англии, чтобы опровергнуть совершенно правильные обвинения Найт. Лорд-канцлер Англии, пользуясь властью и величием своего кабинета, написал письмо в газету *"Лондон Таймс"*, высмеивая и принижая презентацию Найта. Офис патронажа в Хейлшеме был переполнен "благосклонными масонами". Поскольку кто-то столь высокопоставленный, как Хейлшем, написал в почтенное учреждение *"Таймс"*, общественность признала, что опровержения Хейлшема от имени масонства были верными, а Найт - ошибочными. Обоснованные обвинения Найта были фактически опровергнуты. Именно этим не очень тонким способом масонство защищает своих. То, что Найт не представил подтвержденных данных и поэтому может быть проигнорирован, является доказательством силы и всепроникающего влияния масонства. Это в равной степени относится как к Соединенным Штатам Америки, так и к Италии, Франции и Германии.

Предлагая случай Роджера Холлиса в качестве доказательства неточности Найта, масонство ссылается на то, что Холлис, глава MI5 во время Второй мировой войны, был масоном. Холлис действительно был масоном, который передал жизненно важные военные секреты Советскому Союзу. Он стал объектом тщательно продуманной попытки масонства подавить публикацию работы другого хорошего автора, Питера Райта, чья книга разоблачила двуличность Роджера Холлиса.

Холлис был человеком, который передавал американские и британские военные секреты Советам, и большую часть своей жизни он был масоном. Я могу лишь кратко упомянуть об этом человеке и его предательстве Соединенных Штатов и Великобритании по отношению к Советскому Союзу.

Поскольку Райт не мог быть дискредитирован письмами в *"Таймс"*, команда "Джеймса Бонда" из СИС попыталась заставить его замолчать - навсегда. Райт бежал в Австралию, где его защищали высокопоставленные люди. Райт сделал все возможное, чтобы его разоблачение Роджера Холлиса было опубликовано в Австралии, но длинная рука шотландского масонства пришла из Британии, и, руководствуясь самыми сомнительными и запутанными доводами, генеральный прокурор Британии отправился в Австралию, чтобы аргументировать в австралийских судах возражения против публикации книги. Хотя масонство отрицает это и ссылается на отсутствие документальных свидетельств в поддержку своих отрицаний, мой самый надежный источник в британской секретной службе рассказал мне, что масонство в Великобритании и Австралии объединилось в совместных усилиях, чтобы остановить Райта. Книга должна была быть напечатана в Канаде, а через несколько месяцев - в Австралии. На этот раз масонам не удалось остановить выход правды наружу.

Тем временем в Лондоне три газеты бросили вызов британской цензуре и начали публиковать отрывки из книги Райта. Цензура в прессе в Великобритании обеспечивается очень эффективно с помощью так называемых "уведомлений D". Если министр внутренних дел считает, что книга, рассказ или статья наносит вред государству или не отвечает интересам страны, издателям, редакторам журналов, газет и т.д. выдается "Уведомление D", запрещающее им публиковать данную статью. Если "уведомление D" не выполняется, Генеральный прокурор имеет право преследовать нарушителей, и суды обычно назначают суровые наказания.

Таково право на "свободу слова" и "свободу прессы", защищенное в Великобритании. Трем лондонским газетам было предъявлено обвинение в неподчинении полученному ими "уведомлению D", запрещающему им публиковать работы Райта. Генеральный прокурор назвал их поведение при осуществлении права на "свободу прессы" преднамеренным и грубым нарушением закона. Все, кто выступал против Райта, были масонами высшей степени, которые стремились защитить умершего масона 33 степени от полного разоблачения. "Плохо документировано, не хватает подтвержденных данных? "Это возможно, но реальные события, которые затем становятся историей, редко, если вообще когда-либо, могут быть "подтверждены".

Мы все знаем правду об убийстве Джона Кеннеди и о поведении его брата Эдварда в Чаппаквиддике. Но "подтвержденные данные"? Они заперты в юридических файлах и судебных документах на следующие 99 лет! Вот как работает истеблишмент! Масоны ничем не отличаются от них. Они защищают своих!

Возьмем случай с комиссаром полиции лондонского Сити Джеймсом Пейджем. Масоны утверждают, что его быстрое продвижение по службе не может быть связано с масонским спонсорством, поскольку, по их словам, он вступил в тайное братство только после того, как стал комиссаром. Конечно, секреты ложи остаются секретами ложи. Кто может сказать, что Пейдж вступил в масоны, когда был еще молодым офицером полиции? Только "дискредитированные" бывшие масоны, которые, конечно же, считаются лжецами или еще хуже! Похоже, что Пейдж, если верить прецедентам, был членом Ложи задолго до того, как стал комиссаром полиции.

В этом случае речь идет о постоянных агентах

правительства в финансовом центре мира, лондонском Сити. Найт и другие, включая меня, хорошо знают, что ее наиболее влиятельные члены являются ведущими масонами. Однако, когда Найт осмелился назвать имена этих людей, он получил официальный отказ, но не в том, что они не были масонами, а в том, что они не посещали собрания ложи Гилдхолл в указанные Найтом даты.

Из-за их высокого ранга поверили масонам, а не Найту, которого затем обвинили в "грубых неточностях". Я отвлекся на тему предоставления "документальных свидетельств и "подтвержденных данных" перед лицом масонов, занимающих позиции большой власти и влияния, которые смыкают ряды, когда на них нападают. Фактические неточности" - так члены ложи Гилдхолл отреагировали на презентацию г-на Найта о том, как Братство масонов контролирует лондонский Сити - и Вестминстер, если уж на то пошло.

Найт дает убедительное объяснение тому, как записи масонов в английских ложах по всему миру "запечатаны" от следователей. В случае с Роджером Холлисом записи дальневосточных масонов были закрыты как для Найта, так и для Райта, и масонству было достаточно отрицать, что Холлис когда-либо был масоном, чтобы оба автора были дискредитированы за "отсутствие подтвержденных данных". В конце концов, публика склонна верить скорее Эдварду герцогу Кентскому, чем относительно неизвестным авторам. Если масонство смогло свергнуть Эдуарда VII и обвинить в его падении миссис Уоллис Симпсон, то сравнительно легко заклеймить работы двух замечательных авторов как "фактически неточные и не имеющие подтвержденных данных".

Другим очень хорошим разоблачением масонства является написанное и опубликованное Уолтоном Ханной разоблачение *"Тьма видимая"*, которое подверглось очень сильным нападкам не только со стороны ведущих членов масонства в иерархии англиканской церкви, но и со стороны так называемых литературных критиков и самопровозглашенных "экспертов", защищающих масонство. Любое расследование происхождения текстов посвящения и ритуалов, используемых масонством, само по себе было бы работой всей жизни, и, вероятно, даже тогда, объединенное и тесно сплоченное братство масонства против любого раскрытия, которое может повредить его имиджу, будет названо "отсутствием подтвержденных данных".

Мое обширное изучение масонства за последние тридцать лет научило меня многим вещам об этом "братстве", и в первую очередь тому, что для полного документирования даже клятв, текстов и ритуалов посвящения потребовались бы совместные усилия нескольких действительно аккредитованных экспертов по сравнительным религиям. Таким образом, в силу самой природы такого масштабного предприятия, масонство всегда могло продолжать окутывать себя тайной, в которую трудно проникнуть.

Выстроить дело против зловещего братства крайне сложно. Многие пытались это сделать с разной степенью успеха, но в целом можно сказать, что, несмотря на десятки замечательных книг, которые разоблачили масонство таким, какое оно есть, масонство осталось относительно невредимым.

Если бы был проведен опрос общественного мнения, а

не эти политически мотивированные, профессионально подготовленные опросы, благодаря которым избирают политиков, у меня есть основания полагать, что 70% широкой общественности сказали бы, что масонство - это заботливое общество, которое делает много хорошего для общества!

В ходе дебатов на Ассамблее Англиканской церкви в 1951 году стало ясно, что "благодетельная" и "благотворительная" работа, выполняемая масонством, по-прежнему находится на первом месте в представлениях людей о масонстве. Существует ряд книг, в которых указывается, что "благотворительная деятельность", такая как уличные сборы в пользу различных благотворительных организаций, на самом деле вовсе не является благотворительностью, поскольку деньги дает общественность, а не масонство. Если бы масонские ложи публично и регулярно выделяли большие суммы денег на благотворительность, их благожелательное лицо могло бы не быть маской, которой оно является на самом деле. Действительно, большинство информированных представителей общественности никогда не задаются вопросом: "Почему мы позволяем такому тайному обществу действовать среди нас и что происходит за его закрытыми дверями? ".

Иначе и быть не может, ведь откуда даме, чей муж ходит на собрания Ложи, знать что-либо о строгих законах секретности масонства, степенях Ремесла и Королевской Арки, не говоря уже о политике омерты. Если бы у нее был пытливый ум и она задала бы интересующие ее вопросы, муж рассказал бы ей только о пышных банкетах и благотворительных акциях по сбору средств, но, более того, она бы ничего не узнала.

Неудивительно, что общественное мнение так далеко от истины о том, чем на самом деле является масонство!

ГЛАВА 20

КОГДА, ГДЕ И КАК ВОЗНИКЛО МАСОНСТВО?

Литература о масонстве заполняет полки большинства публичных библиотек, за исключением того, что работы авторов, которые подошли некомфортно близко к истине, недоступны. Если спросить библиотекаря, ответы варьируются от "у нас его никогда не было" до "он был снят с продажи некоторое время назад".

Существует множество книг, которые утверждают, что нет никакой связи между "современным" масонством, царем Соломоном и друидами. Эти "специализированные технические книги по масонству", как описал их мне один библиотекарь, всегда отбрасывают на задний план связь между масонством и древнеегипетским культом Изиды, Диониса и так далее.

Даже Уолтон Ханна как ученый не желает полностью посвятить себя этому делу. В своей книге "*Христиане по степеням*" Ханна утверждает:

Если, как они это делают, современные масоны утверждают, что они являются проводниками и хранителями древних тайн, законными наследниками которых они являются, все, что можно признать, это то, что действительно существуют поразительные параллели и сходства, даже в фактических знаках и символах; Символизм, однако, очень трудно конкретизировать и догматизировать, вряд ли стоит удивляться тому, что масонство и масонские мистерии современности имеют большое сходство с древними мистериями и религиями, которые имеют много общего с масонскими мистериями.

Библиотеки полны книг, которые пытаются отрицать связь между масонами и росикрусианами, однако серьезный студент, изучающий масонство, знает, что эта связь очень сильна. Сэр Роджер Бесомт был масоном высокой степени Египетского обряда, и это хорошо известный факт, что он, безусловно, был глубоко вовлечен в теософию и росикрусианство. Возьмем в качестве примера британскую королевскую семью. Многие из его членов, включая принца Чарльза и герцога Кентского, занимаются росикрусианством. Никто не отрицает, что оба являются масонами. Масонство никогда не давало правильного ответа на три вопроса: где, почему, когда и откуда возникло масонство? Масоны всегда категорически отрицали, что они были созданы в противовес христианству и что это не религия, но их отрицания истощаются, как мы сейчас увидим.

Джон Хэмилл, мастер-апологет масонства, библиотекарь и хранитель библиотеки и музея Великой Ложи, заявляет:

> Современные домики очень похожи на те, которые существовали в 17 веке.

Его представление о масонской истории следующее:

> Великая Ложа Англии была образована 24 июня 1717 года, а конкурирующая Великая Ложа Старейшин была официально учреждена в 1751 году; и что эти две конкурирующие Великие Ложи объединились 27 декабря 1713 года, образовав Объединенную Великую Ложу Англии, какой мы знаем ее сегодня.

Но Хэмилл не говорит нам, зачем нужно тайное общество.

❖   Что такое масонство?
❖   Почему мужчины стремятся достичь ее?
❖   Какова истинная природа организации, обязательства которой они должны принять, если вступят в нее?

Несмотря на тысячи книг, рассказывающих нам о том, что такое масонство, мы все еще многого не знаем о нем до конца. В начале 1850-х годов Великая ложа Англии опубликовала брошюру под названием "Что должен знать каждый кандидат", в которой, в частности, говорилось следующее:

> Масонство - это общество людей, исторически связанных со средневековыми оперативными каменщиками, от которых они берут свои частные средства признания, свои церемонии и многие из своих обычаев. Его члены придерживаются древних принципов братской любви (марксистская идея - JC), спасения и истины не только между собой, но и в отношениях с миром в целом, а также через ритуальные заповеди и примеры.

Если это и объясняет что-то по-настоящему значимое, то, признаюсь, его истинный смысл ускользает от меня. Библиотекарь Хэмилл, однако, пытается дать более подробное "объяснение", говоря:

> Кандидат на посвящение очень рано узнает, что основополагающими принципами масонства являются братская любовь, взаимопомощь и истина.

Затем он пытается приравнять марксизм к братской любви, заявляя:

> Братская любовь в смысле поощрения терпимости и уважения к убеждениям и идеалам других людей, а также построения мира, в котором терпимость уважается наряду с добротой и пониманием. Забота, не в смысле дачи только денег или ограничения ими, а в самом широком смысле благотворительной отдачи денег (но никогда своих - ЮС) времени и усилий для помощи обществу в целом. Истина в смысле стремления к высоким моральным стандартам и ведения своей жизни - во всех ее аспектах - настолько честно, насколько это возможно. Проще говоря, масона учат его обязанностям перед своим Богом (каким именно Богом, не уточняется - ДК) и законами своей страны.

Такое абсурдное объяснение того, что такое масонство, к сожалению, является тем, во что верит большинство широкой публики. Когда указывают на наиболее заметные исключения из этого корпуса якобы благородных людей, такие как нравственность некоторых из его высших адептов, его благотворительные денежные взносы, которые поступают не от масонства, а от общественных пожертвований, его пренебрежение к закону страны, то есть французская и большевистская революции, то встречают категорическое отрицание или, как в случае с Роберто Кальви, тот факт, что это "заметное исключение", которое случается раз в столетие! Все представители масонов отрицают, что тайное общество является религией. В 1985 году Совет по общим целям Объединенной Великой Ложи опубликовал брошюру под названием "*Масонство и религия*".

Среди прочих отказов, Комиссия заявляет следующее:

> Масонство не является религией или заменой религии. В масонстве нет основных элементов религии, но оно далеко не безразлично к религии.

> Не вмешиваясь в религиозную практику, она ожидает, что каждый ее член будет следовать своей вере и ставить свой долг перед своим Богом, под каким бы именем он ни был, выше всех других обязанностей. Поэтому масонство является сторонником религии.

Рабочая группа Великой Ложи далее заявила:

> Масонство знает, что его ритуалы не эквивалентны отправлению религиозных обрядов.

Трудно представить себе более смелую и бесстыдную ложь. Масонство - это не только религия, это также и прежде всего антихристианская религия, цель которой - уничтожить христианство.

❖   Как может масонство обосновать свое утверждение о том, что оно не является религией, если его ритуалы сосредоточены и основаны на алтарях, храмах и капелланах?

❖   Почему в ритуале подражания первой степени читаются молитвы, например, молитва, явно указанная как таковая в масонской литературе?

Давайте посмотрим на эту "нерелигиозную" молитву:

> Даруй Свою помощь. Всемогущий Отец и Верховный Правитель Вселенной, нашему нынешнему Конвенту и даруй, чтобы этот кандидат в масоны посвятил свою жизнь служению Тебе и стал среди нас истинным и верным братом. Даруй ему мастерство Твоей божественной мудрости, чтобы, опираясь на секреты (выделено нами) нашего масонского искусства, он мог лучше проявлять красоты истинной доброты для чести и славы Твоего Святого Имени.

Если это не религия, то ничто в этом мире не религия! Вопрос, на который необходимо ответить: "Какого рода религией является масонство? ".

Во Второй степени есть настоящая молитва, которая формулируется следующим образом:

> Мы просим продолжения Твоей помощи, о милосердный Господь, от нашего имени и от имени тех, кто преклоняет колени перед Тобой. Пусть работа, начатая во Имя Твое, будет продолжена во Славу Твою и еще более утвердится в нас через послушание Твоим заповедям.

Тот факт, что Бог, которому молятся масоны, - это Сатана, тщательно скрывается от всех масонов, кроме тех, кто достиг 33 степени! Имя Иисуса всегда очень конкретно исключается. Как говорит Христос, наш Господь, в своих Евангелиях:

> Кто не за Меня, тот против Меня.

В третьей степени есть еще одна молитва, которая призывает благословение Бога и Небес на нового члена:

Всемогущий и вечный Бог, архитектор и хозяин вселенной, по чьей творческой воле все было создано.

Масонство очень осторожно в том, что, широко используя христианские молитвы, которые легко распознаются как таковые, оно тщательно избегает любых христианских ссылок. Этим необычным действием - исключением имени Христа из своих "молитв" - масонство отрицает само существование и авторитет Иисуса. Если, как утверждают масоны, это не религия, тем лучше; но зачем копировать христианские молитвы и полностью удалять имя Христа? Разве такое поведение не указывает на то, что масонство является антихристовым?

Я твердо верю, что масонство представляет антихристово поведение, и более того, это ответ на вопрос "почему" масонство было создано в первую очередь! В поддержку своего утверждения о том, что масонство является антихристовой религией, я привожу церемонию открытия молитвы Королевской Арки, которая звучит следующим образом:

Всемогущий Бог, Которому открыты все сердца, известны все желания и для Которого нет тайны, очисти помышления наших сердец вдохновением Твоего Святого Духа, чтобы мы могли любить и превозносить Тебя в совершенстве.

Любой член англиканской церкви сразу же узнает эту совершенно христианскую молитву. Значение этой конкретной "масонской молитвы" заключается в том, что очень важные слова "через Иисуса Христа, Господа нашего" удалены.

Христос сказал, что те, кто отрицает Его, являются антихристами. Убрав имя Христа из этой молитвы, масоны демонстрируют свое презрение к Христу. Поэтому их следует причислить к антихристовым силам сатаны.

В церемонии закрытия Королевской Арки также используется известная христианская молитва, а именно "Слава в вышних Богу на земле, мир в человеках доброй воли", но при этом не упоминается, что эти слова взяты из Евангелия Господа нашего Иисуса Христа. По моему мнению и мнению многих серьезных студентов, изучающих масонство, приведенные выше примеры религиозной деятельности опровергают утверждение масонства, что оно не является религией, и доказывают всему миру, что это так.

В ответ на мой вызов Великая ложа заявила:

> ...Масонство не является ни религией, ни ее заменой, и нет причин, по которым имя Христа должно упоминаться в его ритуалах.

В ответ на это отрицание, несомненно, следует задать другой вопрос: "Если то, что вы говорите, верно, что масонство не является религией, почему тогда вы взяли молитвы из христианской Библии, почему вы постоянно ссылаетесь на храмы и алтари, и почему, используя фразы из христианской Библии, вы отрицаете само существование Иисуса Христа, удаляя его имя из каждой скопированной вами молитвы? "Никогда не возникает сомнений в том, что масонские "молитвы" часто основаны на христианских литургиях. Почему же тогда масонство отрицает, что оно является религией, и почему масонство старательно удаляет имя Христа из своих молитв, скопированных у христиан?

Молитвы являются неотъемлемой частью масонских ритуалов, так как же масонство может отрицать, что оно является религией? Масоны утверждают, что их молитвы не содержат элементов поклонения. Тем не менее, глава церемонии называется "Worshipful Master"[6] , и я предоставляю вам решать, не являются ли процитированные мной масонские молитвы актами поклонения? Никто, за возможным исключением Алисы в стране чудес, не может поверить, что масонские молитвы отличаются от "поклонения". Что поднимает еще один жизненно важный вопрос?

Даже если бы можно было принять настойчивость масонов в проведении таких различий между "молитвой", "поклонением" и "нерелигией", что, очевидно, невозможно, намеренное опущение имени Христа и Евангелий Иисуса Христа, из которых взяты их "молитвы", а также опущение фундаментальной христианской веры в то, что никто не может прийти к Богу иначе как через Господа нашего Иисуса Христа, является оскорблением христианской религии.

Они отрицают божественность Христа. В этом нет никаких сомнений. Как же тогда люди, называющие себя христианами, могут быть масонами? Христос сказал, что "нельзя служить двум господам". Принимая масонский ритуал, масоны фактически отрицают Его существование. Из этого следует, что нельзя быть за Него, будучи против Него!

---

[6] Подмастерье, NDT.

Для масонства абсолютно невозможно отрицать, что оно "не является ни религией, ни заменой религии". Доказательства обратного ошеломляют! Защитники масонства также не могут представить доказательства того, что, исключая имя Христа, они не отвергают Его, поскольку это не просто преднамеренное исключение, а преднамеренное оскорбление бездействием. Апологеты масонства говорят нам, что "наши молитвы не являются актами поклонения, а просто просьбой о благословении при открытии наших ритуалов и благодарностью в конце за полученные благословения". Чем это отличается от религиозного поклонения?

Очевидный факт заключается в том, что это не так! В масонских ритуалах неоднократно упоминается имя Бога, часто в характерных терминах, таких как Великий Архитектор Вселенной (как в Первой степени); Великий Геодезист (Вторая степень); Всевышний, Всемогущий и Вечный Бог (Третья степень); Верховное Существо. GAOL) (Великий Архитектор Вселенной). Кто эти боги?

Поклоняется ли масонство Высшему Существу, или, как иногда говорят, только вера в Высшее Существо? Не было бы масонских ритуалов без подразумевания божественного имени. В масонской брошюре, на которую я ссылался выше, *"Масонство религии"*, опубликованной Масонским советом по общим целям, говорится о масонском Боге:

> Масоны объединяются в общем уважении к Высшему Существу, ибо оно остается высшим для их соответствующих индивидуальных религий, и в задачу масонства не входит объединение религий.

Поскольку западный мир является христианским, нравится это некоторым или нет, у масонства должны быть большие проблемы с нейтральной межконфессиональной службой. Как христиане, мы не можем избежать сути нашей религии, а именно того, что Христос главенствует как Сын Божий. Масонство утверждает, что не желает "оскорблять" другие религии. Как он это делает, если исключает имя Христа? Исключает ли она его, чтобы не оскорбить еврейское эксклюзивное масонство B'nai Brith ("Сыны Завета")? На протяжении сотен лет масонство стремилось не "обижать" другие религии, но без колебаний обижает христиан, исключая имя Христа из своих ритуальных молитв.

Межконфессиональные" службы могут быть успешными только там, где христианство отходит на второй план. Отсюда следует, что христиане не могут быть масонами; они должны либо одобрить обесценивание христианства, либо выйти из масонства. До того, как масоны достигают возвышенных высот высших степеней, многие верят, что молясь, они молятся Богу своей религии. Но как только они попадают в "закрытый цех" масонской иерархии, нет сомнений, что их молитвы прямо обращены к сатане.

У христианства нет секретов! Каждый, кто умеет читать, может прочитать радостное Евангелие благой вести о приходе Мессии. Почему масоны считают секретность такой необходимой? Масонское кредо и сопутствующие ему ритуалы полны "секретных паролей".

Почему так должно быть, если только это не обман? Так часто мы слышим "составные слова", "я есть и я буду".

Масонство утверждает, что оно не обязано поддерживать христианство. Почему же тогда масонство заимствует так много отличительных черт христианства, если оно его не поддерживает? В церемониях Святого ковчега, возможно, больше, чем в любой другой церемонии, используются "священные слова". Центральным элементом церемоний Святого ковчега является постамент - алтарь, на вершине которого произносятся "священные слова". Очевидно, что, несмотря на заявления об обратном, масонство является религией, когда произносятся священные слова. Здесь бесспорно, что масонство - это религия, находящаяся в оппозиции к христианству.

Давайте рассмотрим ритуал Королевской арки, который является кульминацией того, что известно как "ремесленное масонство".

> Она тесно связана со всем, что нам ближе и дороже всего в будущем состоянии существования; божественные и человеческие дела так ужасно и тонко переплетены во всех ее изысканиях. Его цель - добродетель, объект - слава Божья, и вечное благо человека рассматривается в каждой части, точке и букве его невыразимых тайн. Достаточно сказать, что он основан на Священном Имени, J----h, которое было от начала истории человечества, есть сейчас и будет оставаться одним и тем же вовеки, Существом, обязательно существующим в себе и самим собой во всем своем действенном совершенстве, изначальным в своей сущности.

Эта высшая степень внушает своим членам самые высокие представления о Боге, ведет их к самой чистой и благочестивой набожности, к почитанию непостижимого J----h, вечного владыки вселенной, элементарного и первозданного источника всех ее принципов, самого происхождения и источника всех ее добродетелей.

"Тайное" слово "J----h" - это Джабулон, "священное" имя. Это составное слово, взаимозаменяемое с Иеговой.

Несомненно, масонство - это религия, основной функцией которой является создание тайной контрсилы христианской религии, революционного ордена, способного контролировать политические события.

ГЛАВА 21

МАСОНСТВО И БРИТАНСКАЯ КОРОЛЕВСКАЯ СЕМЬЯ

В дополнение к вышесказанному, мы обнаруживаем, что в масонстве есть так называемые христианские степени, такие как Красный крест Константина, Розикросс, который очень важен в масонских легендах.

Чтобы получить звание Розикруцианина (членами которого является британская королевская семья), необходимо быть членом семнадцати степеней Древнего Принятого Обряда Масонства. Герцог Коннаутский и герцог Кентский, как говорят, были членами обоих орденов. Герцог Коннаутский был магистром Великой ложи Англии в течение двадцати лет. Среди других членов королевской семьи этой ложи - Эдуард VII.

Согласно письму, написанному Великим секретарем 5 августа 1920 года, Георг Ier и Георг III, который был королем во время Американской революции, оба принадлежали к Великой ложе Англии. Согласно вышеупомянутому письму :

> ... Каждому, кто вступает в масонство, предлагается с самого начала не одобрять никаких действий, которые могут привести к подрыву мира и доброго порядка в

обществе.

Это удивительно, если учесть, что граф Шелбурн, член Великой Ложи, обучал Дантона и Марата, прежде чем отпустить их во Францию сеять хаос Французской революции. Членство в Великой ложе не спасло короля Эдуарда VII, когда его коллеги-масоны решили избавиться от него, чтобы не рисковать вступлением в войну с Германией в 1939 году. И снова мы отмечаем сильную аллюзию на религию. "Каждая английская ложа в момент своего освящения посвящается Богу и служению Ему; никто не может стать масоном, пока не заявит о своей вере в Высшее Существо", - писал Генеральный секретарь в 1905 году. Масонство снова перешло в наступление в 1938 году из-за растущего беспокойства по поводу его деятельности. И в этом случае вера в Высшее Существо имела первостепенное значение.

Генеральный секретарь заявил в своем заявлении 1938 года:

> Библия всегда открыта в ложах. Он называется "Том священного закона". Каждый кандидат должен скрепить свою печать на этой книге или на том томе, который, по мнению его конкретной веры, придает святость клятве или обещанию, данному на ней.

Это означает, что Библия, вероятно, не единственный "священный том", выставленный на всеобщее обозрение. Библия имеет чисто декоративное назначение и предназначена для членов низших степеней (с первой по четвертую). Как известно всем серьезным изучающим масонство, тайные общества стали модными в 17 веке, точно так же, как в конце

1920-х и начале 1930-х годов было модно быть социалистом. До апреля 1747 года масоны еще маршировали по улицам города, но по приказу Великого Мастера они ушли в подполье. Уже в 1698 году был распространен памфлет под названием "Всем благочестивым людям в лондонском Сити", призывающий читателей не допустить этого:

> ...заботься о том, чтобы их тайные церемонии и клятвы не овладели тобой, и смотри, чтобы никто не отвратил тебя от благочестия, ибо эта дьявольская секта собирается тайно. Действительно, люди должны встречаться в тайных местах и с тайными знаками, заботясь о том, чтобы никто не заметил их, чтобы совершить дело Божье.

О каких "секретах" шла речь в брошюре? Тогда они были такими же, как и сейчас: знаки, рукопожатия и слова, используемые для подтверждения членства. Считается, что эти тайные знаки пришли к нам от средневековых каменщиков, которые поклялись никогда не передавать свои навыки "посторонним" и признавались как собратья по ремеслу по определенным рукопожатиям и т.д. Ничего не изменилось. Хотя сегодня вряд ли каменщики являются частью масонства, их рукопожатия остаются главным знаком признания. Но современное масонство - это нечто большее; это очень зловещее тайное общество, члены которого обязуются хранить тайну, давая смертельные клятвы самого пугающего вида.

Очевидно, что ни одно христианское общество не стало бы навязывать кодекс молчания, угрожая своим членам ужасной смертью в случае его нарушения. Масонство может обманывать членов низших степеней, заставляя их верить, что оно основано на христианстве, но в 1723 году доктор Джеймс Андерсон, пресвитерианский масонский священник, сказал:

> Поэтому было сочтено более целесообразным обязать их (членов Братства) придерживаться той религии, которую одобряют все люди, оставив свои особые мнения при себе.

В 1813 году Великая Ложа изложила свою позицию следующим образом:

> Какой бы религии или способа отправления культа ни придерживался человек, он не исключается из ордена, если верит в славного Архитектора Неба и Земли и выполняет священный долг нравственности.

Таким образом, был установлен глобальный взгляд на религии, который полностью противоречит христианству.

Эта концепция является антихристианской, поскольку предполагает, что все религии могут быть сведены к общей концепции Великого Архитектора. Христос конкретно осудил такой подход.

Поэтому можно сделать вывод, что масонство несовместимо с христианством и что это действительно религия, противоречащая христианству.

В 1816 году все, что могло существовать от христианской религии в масонстве, было удалено, чтобы продвигать концепцию универсального Бога, позволяющего людям всех религий участвовать в ритуалах лож. Доктор Джеймс Андерсон, пресвитерианский священник, о котором я упоминал ранее, провел "реструктуризацию" ритуалов масонства в Англии:

> Вера в Г(реат) А(рхитектора) О (ф) Т (он) У (вселенной) и его явленную волю является необходимым условием для членства.

Масонство утверждает, что оно никогда не приглашает и не призывает мужчин вступать в него. В брошюре *"Информация для руководства членов"*, которую получает каждый новый масон, говорится (стр. 22):

> Вопрос о ненадлежащем привлечении кандидатов поднимался неоднократно, и Совет считает, что заявление по этому вопросу было бы полезным. Нет никаких возражений (выделено автором) против нейтрально сформулированного подхода к человеку, которого считают подходящим кандидатом в масоны. Нет никаких возражений против того, чтобы его отозвали, как только он приблизился (выделено автором).

Таким образом, масоны не только привлекают новых членов, но и после того, как к ним обратились, их "зовут обратно". Брошюра продолжается:

> После этого потенциальному кандидату следует оставить возможность принять собственное решение без дальнейших расспросов.

Этот совет по привлечению новых членов был первоначально принят Советом по общим целям 9 декабря 1981 года. Таким образом, когда кандидат на посвящение подписывает, что он присоединился по собственной воле, это не всегда так. После посвящения усердный масон может пройти путь от подмастерья до третьей степени "Мастера Масона".

Этих людей тщательно отслеживают как возможных кандидатов на высшие тайны, где кроется настоящая правда о масонстве. Но подавляющее большинство масонов никогда не "поднимаются" выше третьей или четвертой степени. Первые три степени, безусловно, представляют основную часть членов масонства. Так называемые высшие степени также известны как "дополнительные степени", от Тайного Мастера до Великого Генерального Инспектора, и в Англии они контролируются собственным Верховным Советом, проживающим на Дюк-стрит, Сент-Джеймс Лондон (это один из многих домов "Милости и Благосклонности", принадлежащих королеве Англии).

Инициация в эти степени открыта для мастеров-масонов, выбранных Верховным советом. Этих мастеров-масонов на ранней стадии обычно "замечает" Тайный Мастер, который посещает различные собрания Ложи "инкогнито" с этой целью. Лишь незначительному числу масонов, которые делают шаг за пределы третьей степени, удается достичь 18 промежуточных степеней, Рыцаря Пеликана и Орла и Суверенного Принца Розы Креста Наследственности. По мере того, как эти немногие продвигаются дальше, количество отсева увеличивается.

Степень 31 (Великий Инспектор Инквизитор Командор) ограничена 400 членами. На этом уровне истинный характер масонства раскрывается на две трети. 32 Степень Возвышенного Принца Королевской Тайны имеет только 180 членов, а 33 Степень Великого Генерального Инспектора, которая является высшей, ограничена 75 членами. Разумеется, эти цифры относятся только к Великобритании. Когда масон достигает 33-й степени, он готов выполнять любую обязанность, которая может быть ему поручена.

Войны и революции - это только часть игры. Война против Бога" и "война против христианства" - два любимых возгласа 33 масонов, когда они встречаются тайно. Степени от 4 до 14 присваиваются сразу и только по имени на специальном ритуале, проводимом для этой цели.

Степень 18 , 19 и 29 даются во время посвящения в степень 30 . Это делается для того, чтобы заставить отобранных кандидатов продолжать "прогрессировать". 30 Степень - Великий Рыцарь Избранный Кадош или Рыцарь Черного и Белого Орла.

Три степени, начиная с 31 и далее, присваиваются по отдельности. Масонство должно гарантировать, что кандидат готов перейти на ранее неизвестный ему масштаб!

ГЛАВА 22

БЕЗВРЕДНАЯ КАМЕННАЯ КЛАДКА

Ни один масон не может выйти за пределы 18 степени без единогласного согласия Верховного Совета. Первую, вторую и третью степени можно назвать "безобидным масонством", поскольку эксцессы, как физические, так и духовные, заговоры против правительств, ненависть к Христу и христианству никогда не открываются масонам ниже 25 степени. Неудивительно, что масоны третьей степени и широкая публика считают этот самый тайный орган нашего общества простым филантропическим обществом, призванным служить благу всего человечества.

Большинство членов масонства не утруждают себя выяснением того, что происходит в так называемых "высших степенях" Древнего и Принятого Обряда. Если и когда они сделают или смогут сделать это, они вполне могут отпрянуть в ужасе, особенно христиане, и отказаться от членства в масонстве. Два примера людей, которые открыли правду о масонстве и покинули его, и их тревожные реакции на то, во что они были вовлечены, можно найти в письмах, которые они написали своим церквям после изгнания из масонства. Естественно, их личности не могут быть раскрыты из-за страха репрессий:

Долгое время, будучи христианином, я всегда решительно защищал масонство, думая, что смогу примирить его философию и предписания, якобы основанные на учении о нравственности и милосердии, с христианством. Но после того, как я был поднят до самых высоких степеней, я увидел, насколько я был слеп, и насколько эффективно враг использует свое оружие тонкости и рациональности в процессе ослепления. Именно в высших степенях я открыл для себя истинное зло и ужасы масонства.

Дух Божий открыл мои духовные глаза и позволил мне увидеть, что я делаю. Я был в рабстве у зла и не осознавал этого. Это было самым трудным делом в мире - не быть "глубоко встревоженным непристойными сексуальными образами" во сне и во время молитвы. В его подсознание глубоко проникли чувства жажды крови и убийства моей семьи и близких.

Мужчина был стабильным, зрелым и уравновешенным человеком без каких-либо психических расстройств или сексуальных отклонений в анамнезе (экспертное медицинское заключение). Чувствуя угрозу, он прошел курс терапии, в ходе которого выяснилось, что сексуальные образы, кровь и ножи были тесно связаны с символами масонства, а кровь и нож, которыми его искушали убить членов его семьи, были связаны с масонскими клятвами. После интенсивного лечения, возложения рук квалифицированными англиканскими священниками и увещеваний во имя Иисуса, тревожные образы исчезли, как только он покинул масонство, и эти образы и чувства больше никогда не появлялись.

Клятвы масонов очень тщательно скрываются от "посторонних". В последние годы масонство еще больше заботится о том, чтобы скрыть смертельные наказания за нарушение клятвы. В первой степени действуют следующие правила: Обязательство. Физическое наказание исключено. Другими словами, в настоящее время не существует письменных санкций за физическое наказание. Теперь они переданы для исполнения Высшим степеням из (18 Degree). Но я обнаружил, по крайней мере, часть письменной угрозы "физического наказания", которая описывается следующим образом:

> Брат мой, своим мягким и откровенным поведением сегодня вечером ты символически избежал двух больших опасностей, но была еще и третья, которая по традиции должна была подстерегать тебя до последнего периода твоего существования. Опасности, которых вы избежали, - это опасности C и C. Кроме того, там был тот кт с буквой N, который бегал вокруг вашей N, что сделало бы любую попытку отступления фатальной.

Мало кто сомневается, что слова "с бегущей буквой N" означают смерть через повешение, о чем слишком поздно узнал Роберто Кальви. Предложения всегда описываются таким образом. В другой распечатке я обнаружил следующее:

> К символическому наказанию, некогда включенному в обязательство (теперь хорошо спрятанному) в этой степени, если бы он ненадлежащим образом разгласил доверенные ему секреты, что подразумевает, что как человек чести, ФКФМ предпочел бы иметь ибло, ттт и гттрбс та или д бтс или тап.

(Никто, кроме масона 33 степени, не знает значения этих символов). Можно только представить себе наказания, описанные в этих письмах. Одно из самых страшных наказаний, с которым я столкнулся за нарушение масонской клятвы, было следующим:

> Я торжественно клянусь соблюдать все эти пункты, без отказа, двусмысленности или какой-либо мысленной оговорки, под не менее суровым наказанием, в случае нарушения любого из них, чтобы вы были рассечены надвое, чтобы ваши внутренности были превращены в пепел, и чтобы этот прах был развеян над лицом земли и унесен четырьмя кардинальными ветрами небес, дабы не осталось никаких следов или воспоминаний о столь мерзком жалком существе среди людей, особенно среди мастеров-масонов.

Когда почтенного мастера поднимают и устанавливают, его предупреждают о наказании, которое непременно последует, если он нарушит свои клятвы и обеты:

> Пусть тебе отрубят правую руку и положат на левое плечо, чтобы она увяла и истлела.

На церемонии возвышения в Королевской арке масонства посвящаемый четко предупреждается, что наказание, связанное с этим обязательством, - "лишение жизни путем отрывания головы". Сегодня такие прямые заявления не появляются. Вместо этого наказания связаны с символами и буквами. Это произошло только с 1979 года, когда Великий Мастер объявил, что больше не "уместно" выражать наказания в их нынешней форме. Суть в том, что наказания не изменились! Изменилось то, что теперь они скрыты от посторонних!

Тысячи книг, как за, так и против, были написаны, чтобы попытаться ответить на этот вопрос. Как серьезный студент масонства с тридцатью годами обширных исследований за плечами, я отвечу, что масонство можно описать в следующих терминах:

❖   Это, безусловно, закрытое тайное общество, которому по неизвестным причинам разрешено действовать в свободном и открытом обществе, таком как западная христианская демократия.

❖   Масонство очень четко представляет собой религию, основанную на древних культах и сатанинском поклонении. Она является антихристовой и антихристианской и уже давно посвятила себя искоренению христианской веры, хотя эта цель тщательно скрывается от большинства ее членов, особенно от тех, кто имеет первые три степени.

❖   Она революционна по своему характеру и целям. Хорошо известно, что масонство было ответственно, по крайней мере, за этапы планирования Французской революции.

❖   Масонство представляет собой ниспровержение существующего порядка вещей и всех религий, кроме одной.

❖   Масонство требует абсолютного повиновения своим клятвам.

❖   Наказания за нарушение клятвы секретности или "предательство" масонских тайн суровы и могут включать в себя смерть через повешение в крайних случаях. К нарушителям клятвы часто применяются и другие, менее суровые физические наказания.

❖   Масонство, утверждая, что подчиняется законам страны, в которой действует, в то же время молча работает над изменением законов, которые считает нежелательными.

❖ Масонов можно встретить в самых высоких креслах власти в правительствах всех стран, а также в частном секторе, бизнесе и торговле. Как таковое, масонство является бесконтрольной силой, обладающей огромной властью, которая может изменить ход истории и уже изменила его.

❖ Масонство - это моральное, этическое и филантропическое общество только до третьей степени. Подавляющее большинство масонов никогда не идут дальше третьей степени и поэтому не знают об истинной природе, целях и задачах масонства.

❖ Масонство - это правительство, которое действует внутри официально избранного правительства, в ущерб последнему.

❖ Благотворительный аспект масонства - это маска, не вызывающая доверия и граничащая с обманом. Это маска и прикрытие для истинных целей масонства.

❖ Масонство нанесло огромный вред делу христианства и несет ответственность за гибель миллионов людей в войнах и революциях с момента начала Французской революции во Франции.

❖ Окончательная проверка заключается в том, совместима ли она с христианством?

❖ Могут ли христиане быть масонами?

На оба вопроса ответ - однозначное "нет"! Я получал утверждения, что в Вашингтоне есть много масонских сооружений, построенных как общественные или правительственные здания, и что его план имеет форму пентаграммы. Трудно доказать или опровергнуть некоторые из этих утверждений, но одно здание, которое, кажется, соответствует масонскому утверждению, - это Пентагон. Пятиугольник - оккультный символ. Здание было спроектировано

Джоном Уайтсайдом Парсонсом, заядлым сатанистом. Архитектором был Джордж Бергстром, но неизвестно, был ли он как-то связан с масонством.

Истинные секреты масонства, возможно, никогда не будут открыты человечеству, поэтому автору очень трудно избежать критики при изучении такой сложной темы, как масонство. Но это не значит, что не стоит пытаться.

Если какие-то из моих утверждений неверны, я прошу прощения, поскольку они написаны не в духе слепого занудства, и я надеюсь, что более квалифицированные масоны, чем я, укажут на них, чтобы их можно было исправить.

Уже опубликовано

ⓄMNIA VERITAS. OMNIA VERITAS LTD ПРЕДСТАВЛЯЕТ:

ДЖОН КОЛМАН

НЕФТЯНЫЕ ВОЙНЫ

ДЖОН КОЛМАН

НЕФТЯНЫЕ ВОЙНЫ

Исторический рассказ о нефтяной промышленности проводит нас через изгибы и повороты "дипломатии".

Борьба за монополизацию ресурса, желанного для всех стран

ⓄMNIA VERITAS. OMNIA VERITAS LTD ПРЕДСТАВЛЯЕТ:

ДЖОН КОУЛМАН

ДИНАСТИЯ РОТШИЛЬДОВ

ДИНАСТИЯ РОТШИЛЬДОВ

Джон Колман

Исторические события часто вызываются "скрытой рукой"...

ⓄMNIA VERITAS. OMNIA VERITAS LTD ПРЕДСТАВЛЯЕТ:

ДЖОН КОУЛМА-Н

ТАВИСТОКСКИЙ ИНСТИТУТ ЧЕЛОВЕЧЕСКИХ ОТНОШЕНИЙ

ТАВИСТОКСКИЙ ИНСТИТУТ человеческих отношений

Формирование морального, духовного, культурного, политического и экономического упадка Соединенных Штатов Америки

Без Тавистока не было бы Первой и Второй мировых войн.

ДЖОН КОЛМАН

Секреты Тавистокского института человеческих отношений

Omnia Veritas Ltd представляет:

Уолл-Стрит И Большевицкая $Революция

"Я не собираюсь заставлять кого-либо полагать, что я обнаружил новинку - политики лгут..." **Antony Sutton**

Антоний Саттон придерживается конкретной, поддающейся проверке и подтвержденной документации

OMNIA VERITAS LTD ПРЕДСТАВЛЯЕТ

СИМФОНИЯ в КРАСНОМ МАЖОРЕ

Ротшильды были не казначеями, а лидерами этого первого тайного коммунизма. Ведь хорошо известно, что Маркс и высшие руководители Первого Интернационала находились под руководством барона Лионеля де Ротшильда...

Важный исторический труд

Omnia Veritas Ltd настоящее время:

Моя Борьба Майн Кампф

Именно в это время были открыты два опасности для существования немецкого народа глаза мои: марксизм и иудаизм.

Документ исторического интереса

www.ingramcontent.com/pod-product-compliance
Lightning Source LLC
Chambersburg PA
CBHW071126280326
41935CB00010B/1128